AF401811

ÉTUDE HISTORIQUE

SUR LES

THÉORIES DU DROIT AU TRAVAIL

THÈSE POUR LE DOCTORAT

L'ACTE PUBLIC SUR LES MATIÈRES CI-APRÈS
sera soutenu le jeudi 26 Janvier 1899, à 8 heures 1/2.

PAR

JACQUES DUFOUR

Président : M. JAY, *professeur.*
Suffragants { MM. DESCHAMPS, *agrégé.*
SOUCHON, *agrégé.*

PARIS

LIBRAIRIE DE LA SOCIÉTÉ DU RECUEIL GÉNÉRAL DES LOIS ET DES ARRÊTS
ET DU JOURNAL DU PALAIS

Ancienne Maison L. LAROSE et FORCEL
22, rue Soufflot, 22

L. LAROSE, Directeur de la Librairie

1899

THÈSE

POUR

LE DOCTORAT

ÉTUDE HISTORIQUE

SUR LES

THÉORIES DU DROIT AU TRAVAIL

THÈSE POUR LE DOCTORAT

L'ACTE PUBLIC SUR LES MATIÈRES CI-APRÈS

sera soutenu le jeudi 26 Janvier 1899, à 8 heures 1/2.

PAR

JACQUES DUFOUR

Président : M. JAY, *professeur.*
Suffragants { MM. DESCHAMPS, *agrégé.*
SOUCHON, *agrégé.*

PARIS

LIBRAIRIE DE LA SOCIÉTÉ DU RECUEIL GÉNÉRAL DES LOIS ET DES ARRÊTS
ET DU JOURNAL DU PALAIS
Ancienne Maison L. LAROSE et FORCEL
22, rue Soufflot, 22
L. LAROSE, Directeur de la Librairie

1899

BIBLIOGRAPHIE

Avant 1848

Louis Blanc. — Organisation du travail. 1 brochure, 1840.

— Histoire de la Révolution de 1848. 2 vol.

Eugène Buret. — De la misère des classes ouvrières en France et en Angleterre. 2 vol. in-8°, 1840.

Victor Considérant. — Théorie du droit de propriété et du droit au travail. Paris, librairie phalanstérienne, 1848.

Levasseur. — Histoire des classes ouvrières de 1789 à nos jours. 2 volumes, 1865.

Théodore Morin. — Essai sur l'organisation du travail et l'avenir des classes laborieuses. 2 vol., 1845.

Moreau-Christophe. — Du problème de la misère et de sa solution chez les peuples anciens et modernes. 3 vol., 1845.

Louis Reybaud. — Les réformateurs ou socialistes modernes. 2 vol., 1845.

Vidal. — Vivre en travaillant. 1 vol., 1848.

Villermé. — Tableau de l'état physique et moral des classes ouvrières. 2 vol., 1840.

En 1848

Le droit au travail. — Brochures de Lamartine, Thiers, Léon Faucher, Dufaure et Emile de Girardin, réunies sous ce titre : le droit au travail au Luxembourg et à l'assemblée. 2 vol. in-18, 1849.

Louis Blanc. — Socialisme. Droit au travail. Réponse à M. Thiers. 1 vol. in-18, 1848.

— La Révolution de février au Luxembourg, 1 vol. in-12, 1848.

Dufour   1

Bastiat. — Petits Pamphlets : *ce qu'on voit et ce qu'on ne voit pas.*
— Lettre à M. de Lamartine sur le droit au travail.
Léon Faucher. — Du système de M. Louis Blanc ou le travail,
l'association et l'impôt. 1 vol. in-16, 1848.
Joseph Garnier. — Le droit au travail à l'Assemblée nationale.
Recueil de tous les discours prononcés dans cette mé-
morable discussion. 1 vol. in-8°. Paris, 1848.
Merson. — Du droit au travail. 1 vol. in-18. Paris, 1848.
Stuart-Mill. — La révolution de 1848 et ses détracteurs, tra-
duction Sadi-Carnot, 1875.
Proud'hon. — Le droit au travail et le droit de propriété. 1 broch.
in-12. Paris, 1850.
Emile Thomas. — Histoire des ateliers nationaux. 1 vol., 1848.

Epoque actuelle.

Henri Brocher (de Lausanne). — Le droit au travail, 1 article
dans la revue générale de droit et de législation en France
et à l'étranger. Tome XIX (1895).
Cornelius C. Löwe. — Das recht aùf Arbeit und seine Verwirkli-
chûng. 1 broch. in-8°. Leipzig, 1891.
Friedrich J. Haun. — Das Recht aùf Arbeit, Ein Beitrag zùr
Geschichte, Théorie, ùnd praktischen Lösung. Berlin,
1889, 1 broch. in-8°.
Schwiedland. — 1 article dans la Revue d'économie politique.
année 1888, p. 133.
Stoepel. — Réform sociale, t. III. das Recht auf Arbeit.
Edmond Villey. — Le socialisme contemporain, 1895.
Dr F. Wiede. — Ueber das Recht auf arbeit und seine gesells-
chaftlichen Verhältnisse im allgemeinen. 1 broch. in-8°.
Berlin, 1885.
Journal de Genève, années 1893 et 1894, passim.

I

De l'origine des théories du droit au travail

La plupart des auteurs qui ont traité la question du droit au travail en recherchent l'origine loin dans le passé. Les uns citent le *Contrat social* de Rousseau : « le pacte social établit entre les citoyens une telle égalité qu'ils s'engagent tous sous les mêmes conditions et doivent jouir des mêmes droits... Tout homme a naturellement droit à tout ce qui lui est nécessaire, » phrase qui, dit-on, contient en germe le droit au travail. Ou encore cette pensée de Montesquieu : « L'Etat doit à tous les citoyens une subsistance assurée. » Un auteur allemand, M. Haun (1), commente dans le même sens ce passage de Locke (On civil government) : « Le droit primordial et inné de l'homme est le droit à l'existence. Et parce que les moyens d'existence ne peuvent être pour la plupart gagnés que par le travail, chaque droit se change en un droit pour chaque homme de gagner sa vie par son travail. Il s'agit donc pour l'Etat de garantir le droit au

1. Friedrich Johannes Haun : *Le droit au travail, exposé sur l'histoire, la théorie et la solution pratique.*

travail et aux fruits du travail, c'est-à-dire la propriété de chacun contre toute atteinte. » Mais non content de remonter ainsi jusqu'au xviie siècle, M. Haun étudie rapidement l'antiquité grecque et romaine dans l'espoir d'y découvrir des vestiges du droit au travail.

Nous ne saurions nous ranger à cette manière de voir qui a, croyons-nous, son point de départ dans une confusion facile, malgré toute précaution, avec le droit à l'existence ou le droit de travailler. La société antique n'a pu avoir une idée quelconque du droit au travail. Société grecque ou société romaine, la politique annonaire et le régime de l'esclavage excluaient une telle préoccupation chez les citoyens qui seuls avaient qualité pour parler d'un besoin et autorité pour revendiquer un droit.

Dans la société moderne, il paraît difficile qu'on ne rencontre pas chez certains auteurs quelques pensées vagues donnant l'illusion du droit au travail. Comment, en effet, les novateurs sociaux, ces écrivains qu'on trouve à presque toutes les époques de l'histoire, rêvant d'être les architectes d'un monde nouveau d'où toute misère serait exclue, comment ces penseurs qui placent l'homme tout nu en face d'une société à reconstruire, n'auraient-ils pas touché le problème du travail, condition première d'une telle reconstruction ? Mais qu'importent aux théories modernes l'imprécision de leurs pensées, et la confusion de leurs formules ? Et il faut en dire autant de certaines manifestations qui se sont produites sous la Révolution, manifestations dues à l'irréflexion de quelques cerveaux qu'exaltaient à la fois la misère et la victoire du peuple. En ces temps troublés, « les ouvriers souffraient cruellement de la diminution du travail et de la cherté des vivres. Ceux d'entre eux qui savaient lire pouvaient voir circuler de nombreuses brochures dans lesquelles on demandait en leur nom, du pain, une subsistance assurée, un salaire déterminé ou au moins la fixation d'un minimum. Eux-mêmes, raisonnant dans un temps de misère, se laissaient facilement séduire par l'idée d'un tarif, sauf à l'abandonner quand le travail deviendrait abondant. Au début de la Révolution, à une époque où les corps des métiers n'étaient pas encore légalement supprimés, les garçons tailleurs, au nombre de trois mille environ se réunirent sur le gazon du Louvre et envoyèrent une députation de vingt compagnons pour demander au comité de la ville de leur garantir en toute saison un salaire de quarante sous par jour (1) ». Il faut voir là, non la revendication d'un droit nouveau, mais bien une idée de répressailles de la part d'une classe d'hommes qui avaient toujours souffert des privilèges de la maîtrise : comme le dit M. Levasseur, les ouvriers délivrés des chaînes de la corporation s'imaginèrent qu'on ne les avaient fait tomber que pour leur permettre d'imposer à leur tour la loi à leurs maîtres.

Peut-être faudrait-il accorder plus d'attention à la proposition faite par Malouet à l'Assemblée Constituante.

1. Levasseur, *Histoire des classes ouvrières*.

Le 3 août 1789, veille de l'abolition des privilèges, Malouet, justement effrayé de la situation où allait se trouver la classe ouvrière proposa « qu'il fut établi dans chaque paroisse des grandes villes, des bureaux de secours et de travail correspondant à un bureau de répartition formé dans la capitale de chaque province... dans chaque paroisse devait être dressé le rôle exact de tous les individus dépourvus de travail et de subsistances afin de pouvoir leur assurer une nourriture suffisante... sauf à employer ceux qui seraient en état de travailler (1) ». Et Malouet ajoutait : « Toute dépense qui aura pour objet de multiplier le travail et de répartir les subsistances à tous les indigents ne sera jamais qu'une charge fictive pour l'Etat... il faut assurer des subsistances et du travail fondés sur les obligations de la société envers ceux qui en manquent ». On a pu écrire que ce n'était là rien moins qu'un vaste projet d'organisation du travail. Mais ce vaste projet relève de *l'assistance par le travail* et une étude consacrée au droit au travail ne saurait s'en occuper.

Pour nous, les théories naissent des faits, les doctrines politiques sont filles des circonstances ; elles n'apparaissent comme tout remède qu'au fur et à mesure des maladies sociales qu'elles sont chargées de guérir. Quand on cherche l'origine de la théorie du droit au travail, il faut se placer au milieu des événements historiques qui

---

1. Moreau-Christophe : *Du problème de la misère et de sa solution chez les peuples anciens et modernes.*

ont fait de la reconnaissance de ce droit le besoin commun d'une même masse d'hommes. Il faut faire porter ses investigations sur le mouvement social qui dans la première moitié de ce siècle a si profondément transformé la classe laborieuse, groupant les ouvriers, les solidarisant, changeant finalement leurs désirs en revendications et élevant leur association fraternelle à la hauteur d'un parti politique. La théorie du droit au travail n'a eu effectivement sa raison d'être que du jour où elle s'est appuyée sur le groupement des travailleurs, avec ses théoriciens pour l'élaborer, ses orateurs pour la défendre et ses chefs politiques prêts à en tenter la réalisation, suivis d'une imposante masse de partisans unis autour du même drapeau qui étale dans presque toutes les insurrections de cette période historique sa fameuse devise : *vivre en travaillant ou mourir en combattant.*

On sait que les premières années de ce siècle virent se développer l'industrialisme. « On doit entendre par ce terme, s'il est adopté par la langue française, dit un rapport en 1839, la tendance de plus en plus prononcée des pays civilisés vers cette vaste production qui va, convertissant des villes, des contrées entières en d'immenses ateliers (1). On s'accorde d'ordinaire pour voir dans la loi du 17 mars 1791, établissant la liberté du travail en

1. Société industrielle de Mulhouse : *Rapport du Dr Weber sur les mémoires traitant de l'industrialisme dans ses rapports avec la société,* 1839.

France, la cause première de l'industrialisme, et on a quelques tendances a en faire un point de démarcation très net entre deux régimes opposés, l'un fait de protection, de privilèges, et de réglementations assurant à l'industrie une marche toujours égale, sans progrès mais sans crises, l'autre caractérisé par un progrès incessant mais livrant les travailleurs à tous les caprices de la libre concurrence. A la vérité, la transition ne fut point brusque. Bien longtemps avant la Révolution la nécessité d'une telle mesure se manifestait. « On sentait, dit M. Levasseur, qu'un rapprochement était à la veille de s'opérer entre la science et l'industrie trop longtemps séparées l'une de l'autre et qu'il était temps de réformer les vieux procédés. L'exemple était venu d'outre-mer, il était nécessaire de le suivre. Partout où la main-d'œuvre est chère, écrivait un inspecteur, il faut suppléer par des machines : il n'est que ce moyen de se mettre au niveau de ceux chez qui elle est à plus bas prix. » Si l'établissement des manufactures était gêné par la nécessité de l'autorisation préalable et de l'achat du privilège, il en existait du moins quelques-unes groupant autour d'elles une population ouvrière des plus misérables (1).

1. « On s'est complu à opposer l'existence calme et unie des anciens artisans aux agitations anxieuses de nos manufactures. C'est une erreur qui se dissipe devant la lumière des faits. L'industrie était sans doute moins agitée parce qu'elle était moins active, parce qu'elle tenait moins d'existences suspendues à ses destinées et qu'elle même dépendait moins du crédit. Mais elle connaissait les crises et elle était peut-être moins armée que nous

Néanmoins, ce fut véritablement après la période révolutionnaire que l'outillage industriel prit ce développement qui devait amener une extension encore inconnue de la production et un changement radical dans la situation sociale de la classe laborieuse. C'est au Directoire que revient l'honneur d'avoir essayé de tirer l'industrie de la ruine où l'avaient plongée les difficultés politiques. Mais la tâche était difficile : « les effets de l'anarchie pèsent encore en entier sur le commerce, disaient des commerçants réunis à Paris, il se traîne sur ses ruines ; ses capitaux sont dissipés ou enfuis, ses ateliers fermés » (1).

Le Directoire fit voter par les Conseils quatre millions destinés à l'encouragement des manufactures de soie, laines et autres. Ce fut insuffisant et à une première exposition industrielle ouverte par François de Neufchateau durant les cinq jours complémentaires de l'an VI, on ne put que constater l'absence de progrès depuis 1789.

Le Consulat et l'Empire procurèrent à la société française cet avantage de lui rendre la sécurité indispensable à toute existence régulière. Les ateliers se rouvrirent et les manufactures commencèrent à se multiplier. Les capitaux s'accrurent par l'activité de la production et le crédit reprit un nouvel essor. En même temps, les spéculations scientifiques amenaient des découvertes et des

ne le sommes aujourd'hui contre celles qui proviennent des disettes ou des guerres... L'industrie du xviii° siècle n'était pas comme on l'a dit quelquefois, dans l'enfance ni dans la torpeur. » (Levasseur, *Histoire des classes ouvrières*).

1. Levasseur, *op. cit.*

inventions propres à perfectionner l'outillage. « C'était
un spectacle nouveau que de voir des savants comme
Conté, Fourcroy, Berthollet, Vauquelin, descendre des
spéculations du cabinet dans les détails des ateliers et
et faire servir directement leurs études au progrès de la
manufacture ».

Il est difficile, vue l'incohérence des statistiques de
l'époque de montrer par des chiffres précis la rapidité
du développement de l'industrie. Nous empruntons à une
statistique officielle de 1831 le document suivant : « En
vingt-cinq ans, de 1788 à 1812, la fortune industrielle
de la France fut doublée, et s'éleva de 931 millions a
1.820.000.000. » Un exemple frappant : l'industrie de la
laine ; le nombre des ouvriers était en 1788 de 76.817 ; en
1812, il était de 131.409, et les manufactures de draps
donnaient annuellement 1.241.000 pièces d'étoffes au lieu
de 324.440.

Mais plus l'outillage devenait perfectionné, plus la
manufacture croissait en importance et plus s'accentuait
la décadence des petits ateliers succombant un à un dans
une lutte impossible à soutenir. Alors, peu à peu, com-
mença des régions agricoles vers les centres manufacturiers, des campagnes vers les villes, cette émigration contre laquelle avec tant de raison, on s'élève encore aujour-
d'hui. Cet entassement de la population dans nos pro-
vinces manufacturières était déjà un fait bien certain.
Un peu avant 1840, « L. Millot a examiné l'accroissement
de la population française dans ses rapports avec l'indus-

trie et l'agriculture pour la période de 1801 à 1836. La moyenne de l'accroissement général de la population pour la France entière était de 226 0/00 ; or, sur trente-huit départements où l'accroissement était au dessus de cette moyenne, trente étaient des départements industriels (1). » Enfin une statistique de 1850 évalue à 2.900.000 le nombre des ouvriers attachés aux grandes fabriques.

La nécessité de l'emploi des machines avait ainsi groupé autour des ateliers une population d'hommes unis à la fois par le même genre de travail et par le même mode d'existence. Tirant leur subsistance d'un salaire que la concurrence de la main-d'œuvre, surtout celle des femmes et des enfants, tendait à abaisser sans cesse, à mesure que s'élevait la durée du travail, cette population était misérable. Moreau-Christophe cite comme une preuve frappante de cette misère sans cesse croissante, l'augmentation énorme du nombre des enfants trouvés, presque triplé de 1784 à 1830 (2).

Dans cette population ainsi agglomérée des ouvriers de fabrique, le rapport du Dr Villermé en 1840, distinguait trois vices essentiels : l'immoralité, l'ignorance, le défaut absolu de toutes les conditions indispensables à l'hygiène. Un mot les résume : le paupérisme.

---

1. Villermé : *Tableau de l'état physique et moral des classes ouvrières.*

2. Accroissement du nombre des enfants trouvés de 1784 à 1830. En 1784, 40.000 ; en 1809, 67.966 ; en 1820, 102.103 ; en 1830, 118.073. (Moreau-Christophe, *op. cit*).

Un socialiste de 1848, François Vidal, l'a caractérisé ainsi : « L'économie négative a créé le paupérisme. — Le paupérisme, fléau d'origine récente, est la conséquence forcée du salariat et de la concurrence, de la condition nouvelle faite aux classes laborieuses dans ce régime maudit qu'on a faussement appelé régime de la liberté du travail. — De tout temps on avait connu la pauvreté accidentelle. Mais autrefois, la pauvreté recrutait ses sombres légionnaires parmi ceux qui étaient hors d'état de travailler. — Aujourd'hui le paupérisme recrute parmi les ouvriers valides, honnêtes, laborieux, parmi les travailleurs sans emploi de l'agriculture et de l'industrie. Le paupérisme, c'est la misère devenue chronique et héréditaire ; — c'est l'état normal et permanent du salarié sans ouvrage et même de celui qui travaille (1).

La cause principale du paupérisme se trouve moins encore dans l'insuffisance du salaire que dans son instabilité presque continuelle et dans les fréquentes périodes de chômage qui rendraient nécessaire une prévoyance impossible. Ce qu'étaient les salaires, de quelle manière ils se sont comportés durant la première moitié de ce siècle, on peut essayer de l'apprécier en rapprochant quelques chiffres. « Avant 1789, Herbier et les statistiques de cette époque évaluaient la moyenne des salaires à 1 franc. De Morogues l'a réduite à 98 centimes. C. Dupin la porte à 1 fr. 25, et A. Legoyt l'élève à 1 fr. 42 c. » (2). —En 1840,

1. François Vidal. *Vivre en travaillant*, 1848.
2. Moreau-Christophe, *op. cit.*

le Dr Villermé s'exprime ainsi : « Si l'on retranche les tisserands et les simples journaliers dont la plupart sont si mal rétribués, le salaire moyen des travailleurs est d'environ 2 fr. pour l'homme, 1 fr. pour la femme, 45 c. pour l'enfant de 8 à 12 ans et 75 c. pour celui de 13 à 16 ans. En général, un homme seul gagne assez pour faire des épargnes ; mais c'est à peine si la femme est suffisamment rétribuée pour subsister et si l'enfant au-dessous de 12 ans gagne sa nourriture. Quant aux ouvriers en ménage dont l'unique ressource est également dans le prix de leur main-d'œuvre, beaucoup d'entre eux sont dans l'impossibilité de faire des économies, même en recevant de bonnes journées.

L'augmentation apparente des salaires serait donc bien minime. De plus, on doit ajouter à ces considérations cette importante remarque : « Un tableau du commerce extérieur publié par l'administration, constate que de 1826 à 1847 les objets d'alimentation ont augmenté de 17 0/0 et de 37 0/0 quant à la viande, tandis que les articles manufacturés subissaient une dépréciation qui pour certaines étoffes de coton s'élevait à 75 0/0 » (1).

1. Louis Blanc, *Histoire de la Révolution de 1848.* — « Dans un ouvrage intitulé : *Des causes du malaise social et des moyens d'y remédier,* l'auteur prouvait que les taux des salaires, comparés aux prix des objets de consommation ne suivaient pas une marche correspondante et que de 1810 à 1830 notamment, les prix de consommation s'étaient élevés de 12 0/0 tandis que les salaires avaient fléchi de 6 0/0 ; que l'ouvrier employé aux arts industriels ne pouvait payer avec son salaire qu'une quantité moindre d'objets de consommation ; qu'il

Les salaires étaient donc bien peu élevés et cela paraît surtout quand on les compare aux charges qui pèsent sur un ménage ouvrier (1). Cependant si l'on en croît le Dr Villermé : « quelque faibles que soient ces salaires, s'ils ne varient pas et s'ils sont obtenus sans interruption pendant toute l'année, ils suffisent généralement à l'ouvrier, même marié, pourvu qu'il ait une bonne conduite, surtout lorsqu'il peut joindre à ses gains ceux de sa femme et de ses enfants. L'important pour lui est plus encore d'avoir des salaires stables que des salaires élevés...

« Mais il faut admettre que la famille dont le travail est si peu rétribué ne subsiste avec ses gains seuls qu'autant que le mari et la femme se portent bien, sont employés pendant toute l'année et ne supportent d'autres charges que celle de deux enfants en bas âge. Supposez un 3e enfant, une maladie, des habitudes ou seulement une occasion fortuite d'intempérance, un chômage, cette famille se trouve dans la plus grande gêne. »

était en outre obligé de les acheter d'une qualité inférieure et moins saine : de la sorte le pain et la viande n'étaient plus, pour beaucoup d'ouvriers des bases alimentaires et la pomme de terre était souvent la principale ressource. » (Rittiez, *Histoire du gouvernement provisoire de 1848*).

1. « En 1832, de Morogues disait : « On peut évaluer communément chez nous, le salaire de l'ouvrier-artisan, de sa femme et de ses enfants à environ 800 francs par année. » C'est aussi à ce chiffre qu'il réduit la dépense nécessaire d'une telle famille : « Dans la gène, il ne pourra qu'à grand-peine opérer une réduction ; si lui et sa famille ne gagnent pas 760 francs, il sera dans la misère et aura besoin de l'assistance publique. » (Villermé, *op. cit.*)

Or, les crises industrielles entraînant à leur suite, soit la baisse, soit la disparition totale du salaire furent dès le début de la grande industrie aussi prolongées que répétées. « Le grand vice de l'organisation sociale actuelle, écrit Sismondi (1), c'est que le pauvre ne puisse jamais savoir sur quelle demande de travail il peut compter..... Les progrès de la richesse en réunissant les ouvriers dans de grands ateliers et en soumettant leur industrie à la direction de grands capitalistes ont été sous ce rapport singulièrement défavorables au pauvre ; il lui ont ôté toute possibilité de calculer la demande du marché pour lequel il travaille en le rendant absolument étranger aux consommateurs qui auront besoin de son ouvrage. Tant que les artisans, répartis dans de petits ateliers ont compté vendre à la ville prochaine les produits de leur travail, ils ont connu eux-mêmes leurs chalands, ils ont appris presqu'aussitôt qu'eux quand leurs revenus diminuaient, quand en conséquence la demande pour leur travail diminuait aussi. Les temps étaient rudes ; l'ouvrier qui n'était occupé qu'une moitié de la semaine s'imposait des privations ; il n'avait garde alors de se marier ou d'augmenter sa famille. Mais dès que d'immenses capitaux ont réuni dans un vaste atelier non plus des artisans mais des manufacturiers, ceux-ci n'ont plus connu des consommateurs qui peut-être vivent à plusieurs centaines de lieues d'eux et ils ne savent rien de leur gêne ni de la diminution de leurs demandes, jusqu'au moment où tout

1. Sismondi, *Nouveaux principes d'économie politique*, 1819.

à coup leur maître les congédie, peut-être comme ils venaient de se marier. Si le chef de manufacture a mal fait ses calculs, s'il fait faillite, s'il suspend son travail, eux et leurs familles périront victimes d'une erreur qui n'est pas la leur ».

C'est effectivement à un défaut de connaissance de l'étendue du marché, à l'instabilité des débouchés, instabilité plus accentuée encore dans cette période d'établissement si rapide de la production en grand, qu'il faut attribuer les crises. « Ces crises, qui durent ordinairement de plusieurs mois à une ou deux années, sont toujours de véritables calamités à cause du grand nombre de ceux qu'elles atteignent. Les ouvriers de l'agriculture qui se font ouvriers de fabrique ne savent pas quelles dures privations elles imposent, ni combien elles sont fréquentes. Ainsi, en près de vingt ans, cinq crises plus ou moins générales ont eu lieu en France : en 1818 et 1819, 1825, 1826 et 1827, 1830 et 1831, 1836 et 1837. La proportion des ouvriers qui ne gagnent pas assez pour se procurer le strict nécessaire, ou ce que l'on regarde comme tel, varie suivant les industries, leur état de prospérité ou de détresse et suivant les pays et les localités. Un filateur de Rouen a trouvé en 1831, époque d'une crise marquée par l'abaissement des salaires ,que les six dizièmes de ses ouvriers ou 61 0/0, supposés continuellement employés dans sa filature de coton, ne gagnaient pas, chacun en particulier, le strict nécessaire dont il s'agit.... le salaire des ouvriers les moins rétribués baisse ordinairement à peine. si l'on n'a égard qu'au chiffre nominal accordé par journée de travail, tandis qu'en réalité, il baisse tout autant, proportion gardée, que celui des autres si l'on considère les besoins. C'est ordinairement par les plus pauvres que les réformes commencent : on ne les emploie plus que trois ou quatre jours au lieu de six, ou bien six ou huit heures au lieu de treize et comme dans les moments de prospérité industrielle, ces malheureux ne gagnent rien au-delà de ce qu'il leur faut rigoureusement pour vivre, la plus petite diminution de salaire les réduit à une extrême indigence. Tandis qu'à la rigueur, les hommes dans la force de l'âge peuvent encore vivre, soit en continuant la même besogne, soit comme pour des fileurs en 1837, en se chargeant eux-mêmes du travail des enfants qui leur servent d'aides, ces aides, beaucoup d'autres enfants et beaucoup de femmes restent sans ouvrage, c'est-à-dire sans pain (1).

Cette classe d'hommes vivant au jour le jour, en lutte perpétuelle avec la misère et la faim, c'est le prolétariat dont M. Levasseur parle ainsi : « Qu'un grand nombre d'individus vivent du labeur manufacturier, agglomérés autour des fabriques, suspendus au salaire de chaque jour, sans épargne, sans lendemain, sous la menace toujours instante d'une diminution ou d'une cessation de travail, c'est-à-dire d'une privation du pain quotidien,

1. Villermé, *op.*, *cit.*

Dufour   2

sans qu'ils puissent régler ni prévoir les fluctuations du marché dont dépend leur existence, voilà ce qu'on désigne ordinairement sous le nom de prolétariat ».

Le prolétariat ainsi constitué était un groupement, il n'était pas un parti. Pour acquérir une influence sur le mouvement des idées sociales, une action sur la pensée politique, il lui manquait l'éducation morale, c'est-à-dire une cohésion intellectuelle analogue à celle qu'il devait déjà à sa vie matérielle. Mais la durée excessive d'un travail trop souvent malsain, la pauvreté continuelle dans un logis insalubre, dans bien des cas l'intempérance, les vices, avaient tellement abaissé l'intelligence de l'ouvrier, tellement dégradé ses facultés qu'il n'était plus capable que d'une résignation peut-être même inconsciente.

Cette plainte dont il n'avait plus l'énergie, d'autres allaient la faire entendre pour lui.

Quand Saint-Simon mourant, en 1825, disait à son fidèle disciple Olinde Rodrigues : « Quarante-huit heures après notre deuxième publication, le parti des travailleurs sera constitué : l'avenir est à nous ! » il prophétisait un phénomène social qui ne s'est réalisé qu'en 1848 : la formation d'un parti ouvrier comme parti distinct, la division et la lutte des classes (1). Mais, sans doute ce mouvement nouveau germa assez longtemps dans les couches profondes de la société avant d'éclore au grand jour. La situation misérable des classes ouvrières ne laissait pas

1. Edmond Villey, *Le socialisme contemporain.*

d'être remarquée. D'ailleurs l'importance que prenait chaque jour l'industrie dans le monde attirait l'attention sur les problèmes sociaux relatifs au travail. Des plaintes formulées par quelques penseurs trouvèrent de l'écho jusque dans les salons. On s'intéressa à l'histoire et aux mœurs des classes pauvres. Or, à mesure que l'étude pénétrait plus profondément dans les couches de la population, elle y découvrait des misères morales et des souffrances physiques au-dessus desquelles la société polie avait vécu longtemps indifférente. Le drame et le roman puisèrent largement à cette source nouvelle d'émotions. Les récriminations contre les excès de la concurrence, contre l'exploitation de l'homme par l'homme, devinrent banales et du sein même de la classe bourgeoise que la liberté du travail avait faite riche et puissante, il s'éleva par mode plus de voix pour blâmer l'organisation sociale que pour la défendre (1).

Le premier, Sismondi jeta le cri d'alarme dans le monde scientifiqne. Dans ses *Nouveaux principes d'économie politique*, publiés en 1819, il se séparait nettement d'Adam Smith : aux merveilles que le célèbre auteur anglais découvrait dans la division du travail, il en opposait les conséquences désastreuses: « Ce n'est point le perfectionnement des machines qui est la vraie calamité, c'est le partage injuste que nous faisons de leurs produits. Plus nous pouvons faire d'ouvrage avec une quantité de travail donné, et plus nous devrions augmenter

1. Levasseur, *op. cit.*

ou nos jouissances ou notre repos. L'ouvrier qui serait
son propre maître, quand il aurait fait en deux heures,
à l'aide d'une machine ce qu'il faisait auparavant en
douze, s'arrêterait après les deux heures, s'il n'avait pas
besoin d'un produit plus considérable ». Et Sismondi
exposait ensuite la misère des travailleurs d'une manière
qui commandait la réflexion : « Les prolétaires se sou-
mettent à des conditions toujours plus dures à mesure
que la demande ou le capital diminuent, et ils finissent
par se contenter d'un gage si misérable qu'à peine il suffit
pour les maintenir en vie. Aucune jouissance n'est plus
attachée à l'existence de cette classe malheureuse ; la
faim, la souffrance étouffent en elles toutes les affections
morales ; lorsqu'il faut lutter à chaque heure pour vivre,
toutes les passions se concentrent dans l'égoïsme, chacun oublie la douleur des autres dans la sienne propre,
les sentiments de la nature s'émoussent. Un travail
constant, opiniâtre, uniforme abrutit toutes les facultés ». Ajoutons qu'on voyait déjà poindre dans la conclusion, des revendications qui ne tarderaient pas à se produire, particulièrement la demande d'une garantie de secours obligatoire pour le patron.

Mais l'influence de l'œuvre de Sismondi se bornait au
monde scientifique, tandis qu'avec Robert Owen, avec
Saint-Simon, avec Fourier, avec Cabet, nous assistons à
la naissance du socialisme doctrinaire et prosélytique.
Tous ces hommes ont fait école : eux et leurs disciples
ont même tenté des réalisations pratiques qui à la vérité

n'ont pas été heureuses. C'est un socialisme évangélisant et agissant. « R. Owen soumet ses plans de réforme sociale aux souverains réunis à Aix-la-Chapelle en 1818 ; il s'adresse à l'aristocratie anglaise, provoque des meetings, dépense des millions en propagande... Saint-Simon est le grand-prêtre d'une religion nouvelle faite d'un grotesque mysticisme qui pourtant réussit à séduire l'élite d'une génération... Si la phalange réunie autour du nom de Fourier est moins éclatante, elle n'est pas moins nombreuse ; par les journaux, par les livres, par les conférences, elle fait, elle aussi, une active propagande(1) ».

En France, Saint-Simon est le premier nom qu'on rencontre quand on veut étudier ces penseurs d'un esprit tout nouveau. Louis Blanc s'est exprimé ainsi sur le saint-simonisme : « Il fut donné à cette école de réhabiliter le principe d'autorité au milieu des triomphes du libéralisme, de demander l'organisation de l'industrie et l'association des intérêts au plus fort des succès mensongers de la concurrence. Avec une intrépidité sans égale, avec une vigueur soutenue par un talent élevé et de fortes études, cette école mit à nu toutes les plaies du siècle, elle ébranla mille préjugés, elle remua des idées profondes, elle ouvrit à l'intelligence une carrière vaste et nouvelle. Saint-Simon déclara que le temps était venu d'arracher à l'oisiveté sa couronne et d'inaugurer le règne du travail (2) ». Il est certain qu'on ne saurait nier l'impression

1. Ed. Villey, *op. cit.*
2. *Histoire de dix ans.*

causée par la propagande saint-simonienne. Un de ses journaux, le *Producteur*, fondé sur le lit de mort de Saint-Simon, s'occupait exclusivement du dévoloppement industriel et scientifique et ne « craignait pas de poser en face du gouvernement le plus ombrageux une foule de questions hardies et radicales telles que l'affranchissement de l'industrie (1) ».

Au moment ou le Saint-Simonisme se dispersait dans les voies du doute et du découragement, le fouriérisme essaya de s'emparer de la place qu'il avait conquise dans l'opinion publique. On a dit de la doctrine fouriériste qu'elle était la plus complète et la plus ingénieuse de cette époque. « Fourier a voulu justifier à ses propres yeux par le tableau des relations actuelles l'utilité et l'urgence d'une réforme sociale, mais habitué à ne rien voir en beau, il a un peu chargé les traits du modèle et peint le monde sous des couleurs qui ne le flattent pas. Dans l'état agricole : morcellement fatal, exploitation égoïste et inexperte ; dans l'état industriel : déperdition effrayante de forces, travail répugnant, ingrat, mal ré-tribué, mensonge, guerre flagrante, chaos d'industries ou rivales ou parallèles ; dans l'état social, lutte des diverses classes : ici richesse insolente, là misère farouche, fourberie dans les relations, méfiance érigée en esprit de conduite, oppression de la masse au profit du petit nombre (2) ». En face Fourier plaçait sa doctrine séduisante

1. Louis Reybaud, *Etude sur les réformateurs ou socialistes modernes*, 1844.
2. Louis Reybaud, *op. cit.*

entre toutes : ce n'est pas le travail brillant qui aura le pas sur les autres, c'est le travail nécessaire. Il fait la part du pauvre avant celle du riche, la part des bras avant celle de l'intelligence.

Pour le Fouriérisme comme pour le Saint-Simonisme, les moyens de propagande mis en œuvre frappèrent vivement la société pensante. D'ailleurs, toutes ces réformes avaient une qualité qui leur a valu quelques conquêtes : elles partaient du cœur. Elles n'ont pas concentré leurs plus vives sollicitudes sur de simples abstractions, elles ont songé aux hommes ; « dans les moindres détails des ces idéologies se révèle cette affection profonde pour ceux qui souffrent. Comme échelle des contentements qu'il promet, C. Fourier prend toujours les besoins de la masse. En vivres, en vêtements, en satisfactions de toute nature, le simple travailleur aura dans son monde le sort d'un roi dans le notre (1) ».

D'ailleurs quelqu'opinion qu'on ait de ces novateurs, la plainte formulée par eux subsista. On put l'ajourner, mais non l'anéantir : on put différer d'avis sur le remède, il ne fut plus possible de fermer les yeux sur le mal.

Il ne faudrait pas cependant exagérer l'influence de tels réformateurs ; leurs efforts intéressaient principalement la bourgeoisie séduite par l'originalité de leurs théories, surtout par le côté sentimental, et entraînée

1. Louis Reybaud, *op. cit.*

aussi, sans doute, par l'hostilité contre l'ordre de choses établi qui chatouillait agréablement le caractère frondeur du peuple de 1830. On vit naître mille écrits passionnés sur les ouvriers : le roman se porta vers la description des misères sociales ; une école nouvelle prit à tâche d'outrer les difformités de la nature humaine et la révolte contre la société anima ses conceptions les plus applaudies.

Mais ce mouvement ne descendit point jusqu'aux couches illettrées de la société. Là, l'infiltration des idées nouvelles est due à une autre cause d'une porté considérable, la propagande des affiliés aux sociétés secrètes : ces sociétés trouvaient un facile recrutement d'adhérents dans ce milieu de prolétaires que la misère avait aigris et qui se laissaient aisément séduire par le moindre espoir d'amélioration de leur sort. Elles étaient nombreuses à cette époque où la loi prohibait pour ainsi dire l'association L'une d'elles entre autres a laissé dans l'histoire du gouvernement de juillet une trace ineffaçable : elle est mêlée à tous les mouvements populaires ; c'est la *société des amis du peuple* qui avait pris pour idéal social le communisme. Dissoute, elle se reforma et prit sous le nom de société des droits de l'homme une importance nouvelle. « En 1833, à Paris, elle comptait plus de trois mille sectionnaires, orateurs de clubs ou combattants, et elle agitait la province par une foule de sociétés qui, sur les principaux points du royaume, s'étaient formées à son image. Entretenir l'élan imprimé au peuple de 1830, alimenter l'enthousiasme, préparer les moyens d'attaque en élaborant les idées nouvelles, tenir en haleine l'opinion et souffler sans cesse aux âmes atteintes de langueur, la colère, le courage, l'espérance, tel était son but (1) ». Paris n'était pas, d'ailleurs, le seul point de départ de cette propagande ; dans tous les grands centres ouvriers du pays, les sociétés eurent des tendances à l'internationalisme. « C'est ainsi que, vers 1830, se forma en Allemagne une vaste association parmi la jeunesse des universités et les classes ouvrières ; cette association se mit en correspondance suivie avec les sociétés secrètes de France ; elle répandit de nombreuses publications ayant pour but de démontrer la nécessité d'un changement radical dans toutes les institutions sociales et politiques (2) ».

Les ouvriers de Lyon furent les premiers à subir l'influence des sociétés secrètes. La soierie était d'autant plus éprouvée par les crises commerciales que comme toute industrie de luxe, elle vivait du superflu dont on économise tout d'abord la dépense en temps de gêne. Le marché de Lyon avait toujours été très sensible aux variations de la fortune publique. Cependant « jamais avant 1831 on n'avait vu les ouvriers en soie prendre une attitude hostile. Ils passaient pour une classe incapable d'une grande énergie. La révolution de juillet n'avait

1. Louis Blanc, *Histoire de dix ans.*
2. Théodore Morin. *Essai sur l'organisation du travail et l'avenir des classes laborieuses*, 1845.

produit parmi eux aucun trouble apparent. Dans les dernières années de la Restauration seulement, les relations des ouvriers avec les patrons s'altérèrent et s'aigrirent peu à peu. La concurrence de plus en plus vive entre les fabricants lyonnais avait amené dans la production des élans momentanés suivis de chômage désastreux.... les ressources des familles laborieuses s'amoindrissaient peu à peu ; l'exaspération se glissait sourdement dans les âmes en même temps que la misère prenait place au foyer domestique... Diverses sociétés secrètes saisissaient un à un les ouvriers de la fabrique. Elles finirent par en englober un très grand nombre : l'une d'elle, *Les mutuellistes*, s'arrogea le droit d'organiser le refus du travail comme barrière à l'abaissement des salaires (1) ». L'effet de ces diverses influences ne se fit pas attendre. Au mois de novembre 1831 éclata à Lyon à l'occasion des salaires, une collision sanglante entre les ouvriers et les fabricants, collision durant laquelle les ouvriers avaient inscrit sur leurs drapeaux : Vivre en travaillant, mourir en combattant.

« Vers la fin du mois d'octobre 1833, des coalitions d'ouvriers se formèrent sur tous les points du royaume. A Lyon, les ouvriers charrons et les ouvriers tireurs d'or cessèrent leurs travaux ; à Caen les ouvriers menuisiers s'ameutèrent, réclamant une réduction du temps de travail. Au Mans, les ouvriers tailleurs avaient déserté leurs

1. Audiganne, *Les populations ouvrières et les industries de la France dans le mouvement social du XIXe siècle.*

ateliers... Mais ce fut à Paris surtout que ce mouvement de la classe laborieuse éclata d'une façon poignante et redoutable (1) ». Sous le second ministère Thiers, il y eut une formidable coalition d'ouvriers... elle se produisit avec un ensemble et dans des proportions inusités jusque-là : ainsi pendant près de dix jours, les maçons, charpentiers, menuisiers, mécaniciens, tisseurs, suspendirent simultanément leurs travaux : on les voyait descendre par troupes de deux à trois mille des communes de Belleville, Pantin, La Villette, Saint-Mandé, pénétrer dans les ateliers, les fabriques, et arrêter les travaux (2).

Ces petites insurrections, industrielles d'abord, deviennent peu à peu politiques. Les cœurs s'ouvrent à cette espérance que l'émeute politique donnera ce que l'émeute industrielle a refusé. Divers moyens sont activement mis en œuvre pour attirer les ouvriers sur ce brûlant terrain de la politique : démonstrations publiques de toute nature, banquets patriotiques, ovations à des accusés politiques acquittés par les tribunaux. A Lyon dans le *Précurseur*, Jules Favre écrivait : « Vous êtes les plus forts ; juillet et novembre vous ont appris comment se pulvérisait une garnison. Ce que vous avez fait vous le pouvez encore. »

Devant ce flot montant, les gouvernants ne surent opposer que l'inertie aux plaintes et la force armée aux

1. Théodore Morin, *op. cit.*
2. F. Rittiez, *op. cit.*

émeutes. Quand les circonstances devenaient trop diffi-
ciles, quand la misère était trop criante, on reprenait
simplement l'ancien système, dû à Turgot, des ateliers
de secours (1).

C'est en effet sous forme de travail que la Restauration
s'appliqua constamment à fournir ses dons aux pauvres.
Un arrêté ministériel du 19 juillet 1816 relatif à l'organisation des bureaux de bienfaisance de Paris, porte, article 23 : « Les bureaux chercheront à multiplier les
secours en travail, soit en se mettant en relation avec des
manufacturiers ou maîtres-artisans auxquels ils pour-
ront adresser les indigents sans ouvrage, soit en propo-
sant l'établissement d'ateliers de charité. » L'instruction
du 8 octobre 1823 porte également : « on s'appliquera
constamment, autant que les localités le permettront, à
procurer du *travail* aux indigents valides ».

Mais, instruit par l'insuccès des ateliers nationaux de

1. Dans une *instruction sur les moyens les plus convenables de soulager
les pauvres*, lancée au commencement de 1770, Turgot préconise
pour occuper les pauvres, les travaux que peuvent faire exécuter
les propriétaires aisés sur leurs biens, et à leur défaut, quelques
ouvrages publics où l'on puisse employer beaucoup de bras. Il avait
institué lui-même dans l'Intendance de Limoges des *ateliers de Charité*, pour permettre aux ouvriers d'acheter la quantité indispensable de pain qui atteignait alors un prix très élevé. Trois ans
plus tard, devenu contrôleur général des finances, Turgot se
préoccupa d'étendre à toute la France le système des travaux de
secours. Les ateliers nationaux sous la Révolution, furent institués
sur le même principe. Mais on sait ce que coûta au trésor leur
direction défectueuse. (Office du travail, *Documents sur la question du
chômage*).

la Révolution, le gouvernement n'agit pas ainsi sans quelque défiance : « L'administration, dit le rapport Lainé (25 novembre 1818) ne doit certainement pas, quand elle le pourrait, procurer du travail dans toutes les conjonctures à tous ceux qui en demanderaient : ce serait d'un côté, ôter aux classes laborieuses l'inquiétude salutaire qui les porte à rechercher le mode d'occupation qui peut leur être le plus profitable, et d'un autre côté, donner aux fonds dont l'administration disposerait, un emploi fini beaucoup moins avantageux à l'industrie que celui qu'ils recevraient en suivant la direction de l'intérêt particulier. Mais il est des circonstances où le gouvernement doit prêter son assistance. Si par suite d'intempéries ou d'une mauvaise récolte, par le ralentissement du commerce ou la chute d'une branche d'industrie, la population d'un canton se trouve plongée dans la détresse... Or les secours les plus efficaces, les plus utiles, les plus propres à accélérer le rétablissement de l'équilibre consistent dans le travail. »

Malgré les espérances qu'il paraissait donner, ce sera encore là que le gouvernement de juillet bornera son intervention dans la lutte des travailleurs contre l'indigence. Dans une circulaire du 6 août 1840 après avoir reconnu que la charité est à peu près impuissante à combattre ces causes incessantes du paupérisme soit que le défaut de travail ou le prix de la journée proviennent de circonstances qu'il n'est au pouvoir de personne de dominer, soit qu'ils tiennent au peu d'habileté de l'ouvrier, à sa paresse où à son inconduite ce qui est malheureusement le cas le plus ordinaire, de Rémusat recommande comme ayant été le plus souvent mis en œuvre, les moyens qui consistent à organiser des ateliers pouvant suppléer aux travaux que l'industrie privée ne fournit plus.

Cependant la question ouvrière revenait de plus en plus dans les discussions parlementaires. Le vote de la loi de 1841 sur *le travail des enfants employés dans les manufactures et usines à feux continus*, les débats auxquels il avait donné lieu et surtout les rapports qui l'avaient précédé, avaient vivement impressionné l'opinion publique. Quelques orateurs se donnaient à tâche de reprendre sans cesse la critique de l'état social et leur ton devenait de plus en plus agressif devant le mauvais vouloir du gouvernement. Vains efforts ! tentative vaine aussi que celle que Ledru-Rollin demandant en 1846, une enquête sur la détresse des travailleurs ; elle fut écartée sur cette simple observation de Sauzet : Mais la Chambre ne doit pas de travail aux ouvriers !

Ainsi « les maux du prolétariat industriel avaient grandi jusqu'en 1830 sans être entrevus par le monde officiel, et si quelques penseurs comme Saint-Simon et Fourier avaient cherché les moyens d'y porter remède, leurs tentatives n'avaient provoqué que des railleries dans la sphère du pouvoir. Une ère nouvelle semblait devoir s'ouvrir avec des hommes nouveaux, après les journées de juillet. Il n'en fut rien ? le pays légal ne se montra pas moins aveugle que le pays privilégié. Plus préoccupé de refermer derrière lui la barrière, après l'avoir franchie, que d'appeler ou de préparer à la vie nationale de nouveaux adeptes, il ferma les yeux pour ne rien voir des besoins ni des aspirations de la nation laborieuse.

« Celle-ci délaissée tourna ses espérances vers des systèmes sociaux qui promettaient d'améliorer et d'ennoblir sa destinée et qui cherchaient dans l'association du travail les moyens de réagir contre les dangers de la concurrence industrielle » (1).

Aucune influence n'avait pu prévaloir mais leur action commune avait engendré une fermentation profonde. Un résultat était constant : c'est que les ouvriers commençaient à penser à part, à se considérer comme en dehors de la société générale dans laquelle les hommes de 1889 avaient voulu les confondre.

Les journées de février 1848, transformées d'insurrection politique en révolution sociale achevèrent brusquement la constitution du parti ouvrier. Celui-ci vainqueur dans la rue, fort de l'indécision des autres partis, ne voulut pas attendre plus longtemps la réalisation de ses vœux. Gens qui depuis des années entendaient répéter chaque jour que le gouvernement tenait dans sa main leur bonheur à tous, qu'il suffisait d'une loi, d'une pro-

1. Sadi-Carnot, *préface de la Révolution de 1848*, de J. Stuart Mill.

clamation, d'un mot pour changer leur sort misérable en aisance, leur indigence en bien-être, ils crurent que les temps étaient venus, ils eurent l'enthousiasme de la félicité universelle et ils ne souffrirent point qu'on différât d'une heure la réalisation d'une si magnifique espérance. Il faut se représenter cela pour comprendre la rapidité — nous allions dire la légèreté — avec laquelle fût conçu et promulgué le décret du 26 février 1848 qui garantit du travail à tous les citoyens. Louis Blanc confesse lui-même cette rapidité en racontant comment à la première réunion du gouvernement provisoire, un ouvrier nommé Marche, d'une stature imposante, entra dans la salle et interrompit la délibération en réclamant d'un ton fort impératif un résultat immédiat. Comme au milieu de l'embarras général, Lamartine s'avançait pour essayer de calmer l'exaltation de cet homme par quelqu'une de ces phrases dont il avait le secret : « Pas de discours, des actes ! » cria celui-ci, faisant sonner sur les dalles la crosse de son fusil. « Je me hâtai d'intervenir, ajoute Louis Blanc (1). J'attirais Marche dans l'embrasure d'une croisée et j'écrivis devant lui le décret suivant auquel Ledru-Rollin fit ajouter la clause qui le termine :

« Le gouvernement provisoire de la République française s'engage à garantir l'existence de l'ouvrier par le travail.

« Il s'engage à garantir du travail à tous les citoyens.

1 L. Blanc, *Histoire de la Révolution de 1848.*

« Il reconnaît que les ouvriers doivent s'associer entre eux pour jouir du bénéfice légitime de leur travail.

« Le gouvernement provisoire rend aux ouvriers auxquels il appartient, le million qui va échoir de la liste civile ».

Ainsi, quelques minutes avaient suffi pour trancher une question qui après avoir mis le gouvernement provisoire dans le plus cruel embarras, souleva, sous le nom de *droit au travail*, les controverses les plus vives à l'Assemblée nationale. A la vérité, cette formule de *droit au travail* ne se trouve point dans ce décret. Il semble qu'elle apparaisse pour la première fois dans la rédaction du projet de constitution soumis à l'Assemblée. « La foule encombrant les places publiques n'est point arrivée les premiers jours avec les formules du *droit au travail* ou de la *garantie du travail*. On les lui a apprises et encore n'ont-elles jamais été répétées bien clairement par elle. Ce n'est même qu'au bout de quelques jours que les étendards des députations allant à l'Hôtel-de-Ville portaient la formule plus connue d'*organisation du travail* remplaçant une plus ancienne formule un peu usée, celle d'association. Plus tard, lors de la fameuse manifestation du 16 avril organisée par les délégués des ouvriers à la Commission du Luxembourg et par les menées de quelques clubs, on lisait sur les drapeaux : *Organisation du travail par l'association* et abolition de l'exploitation de l'homme par l'homme. Ce n'est que plus tard encore, en juin, lorsque l'Assemblée natio-

<table><tr><td>Dufour</td><td>3</td></tr></table>

nale s'occupait de guérir la plaie des ateliers nationaux que l'on mit en avant la formule du *droit au travail,* formule qui n'a été définitivement vulgarisée qu'après les sanglantes journées de juin pendant lesquelles le gros des insurgés ne l'invoquait même pas » (1).

1. Joseph Garnier. *Le droit au travail à l'Assemblée nationale,* 1848.

II

Les théories du droit au travail avant 1848

Quoiqu'en dise Joseph Garnier, ce n'était pas la première fois que la formule apparaissait à la vie publique.

Déjà en 1844, Lamartine avait publié un écrit intitulé « Du droit au travail » qui lui valut une réponse de Bastiat dans le *journal des Economistes*. A l'école philanthropique qui « prophétisant aux masses l'avènement du Christ industriel (Fourier), les appelle à la religion de l'association » mais qui, « poussant la vertu jusqu'à la chimère.., n'est qu'une sublime exagération de l'espérance », Lamartine comparait l'économie politique anglaise « cette providence de l'égoïsme » qui dit aux prolétaires « Travaillez ! — Mais nous n'avons pas de travail. — Eh bien mourez ; si vous ne rapportez rien, vous n'avez pas le droit de vivre : la Société est un compte bien fait. » Et il concluait en proclamant le *droit au travail* avec cette restriction qu'il ne pourrait être invoqué que dans des cas extrêmes, pour cause de vie seulement (*propter vitam*) et à la condition que son application ne créerait jamais, contre le travail des industries libres et le tarif des salaires volontaires, la concurrence meurtrière de l'Etat.

Bastiat, après une spirituelle défense des économistes, faisait simplement observer que réduites à ces termes, ces mesures étaient du domaine de la police plutôt que de l'Economie sociale et qu'il croyait pouvoir affirmer au nom des économistes, qu'ils n'avaient pas d'objections sérieuses à faire contre l'intervention de l'Etat dans des cas rares, extrêmes. « Mais, je vous le demande, pour aboutir à ces mesures d'exception, fallait-il remuer toutes les théories des écoles les plus opposées... et faire retentir aux oreilles des masses ces mots trompeurs : « droit au travail, droit de vivre ! »

Si l'on remonte plus haut encore, le droit au travail tenait une place d'honneur dans le programme social de l'école phalanstérienne. Cette école en réclame du reste l'invention, et c'est probablement à juste titre. «M. Victor Hennequin qui dans cette école, prenait rang après M. Considérant, revendiquait, à un banquet donné à l'occasion de l'anniversaire de Fourier, la priorité pour ce socialiste en citant à l'appui de son opinion le passage suivant de la *Théorie de l'Unité universelle*, qui date de près de trente ans (1) : « L'Ecriture nous dit que Dieu condamna le premier homme et sa postérité à travailler à la sueur de leur front ; mais il ne nous condamna pas à être privé du travail d'où dépend notre subsistance. Nous pouvons

1. J. Garnier, *op. cit.*

donc, en fait de droits de l'homme, inviter la philosophie et la civilisation à ne pas nous frustrer de la ressource que Dieu nous a laissée comme pis-aller et châtiment et *à nous garantir au moins le droit au genre de travail auquel nous avons été élevés*....... Nous avons donc passé des siècles à ergoter sur les droits de l'homme, sans songer à reconnaître le plus essentiel, celui du travail sans lequel les autres ne sont rien. Quelle honte pour les peuples qui se croient habiles en politique sociale ! Ne doit-on pas insister sur une erreur aussi ignominieuse, pour étudier l'esprit humain et le mécanisme sociétaire qui va rendre à l'homme tous ses droits naturels, dont la civilisation ne peut ni garantir ni admettre le principal, le *droit au travail ?*...

« Ce travail ingrat d'où dépend le gain de notre misérable pain, nous ne l'obtenons même pas ! un ouvrier manque de ce travail d'où dépend sa subsistance. Il demande en vain une tribulation ! Il en essuie une seconde celle... *d'être employé à des fonctions dont il n'a aucune habitude* ».

C'est sur ces passages de l'œuvre de Fourier que ses disciples s'appuyèrent pour construire une théorie du droit au travail, ébauchée par Pajet dans la *Phalange* en 1836 et complétée peu à peu. La société selon eux, doit à chacun de ses membres un emploi fructueux de son temps et de ses forces et à défaut un minimum qui le préserve des horreurs de la faim et de la dégradante nécessité de mendier sa subsistance (1). Seulement, ils ajoutent que

1. *Démocratie pacifique* (15 septembre 1843).

tout en reconnaissant hautement la légitimité du principe, ils n'osent en demander l'application immédiate qui pourrait être dangereuse dans l'état de la société. A ces considérations, les fouriéristes joignaient un argument qui empruntait une certaine force à la fermeté des convictions religieuses à cette époque : « le droit au travail, c'est l'équivalent du droit de vivre ; en le méconnaissant vous violerez d'une manière indirecte le commandement divin : « tu ne laissera point mourir ton frère » (1).

La théorie du droit au travail tenta même alors de s'aventurer dans le domaine de la politique. Le 16 mai 1840, Arago prononçait à la Chambre des députés un discours qui parut ensuite sous ce titre : « En faveur du peuple français, pour le suffrage universel et contre le phalanstère ». Il y dépeignait les souffrances des classes inférieures, s'élevait contre les doctrines phalanstériennes qui ne pouvaient avoir de portée pratique et concluait à la nécessité du suffrage universel, panacée destinée à guérir tous les maux. Les attaques d'Arago contre les conceptions de Fourier fournirent à V. Considérant l'occasion d'une apologie de sa doctrine : aux souffrances des classes inférieures, il opposa le droit au travail et

1. On ne rencontre plus cet argument dans la suite .Disons à titre de curiosité qu'il a été réfuté de la façon suivante : « Oui, sans doute, l'homme qui refuse l'aumône viole un commandement divin. Mais ce n'est pas à dire pour cela qu'on ait le droit de le contraindre à l'aumône. Ici le droit corrélatif du devoir religieux, c'est le droit de Dieu de punir qui s'y soustrait, non le droit du pauvre d'en exiger l'accomplissement ». (Théodore Morin, *op. cit.*, 1845).

donna à la théorie sa formule la plus nette et la plus précise en soulevant l'important problème des rapports du droit au travail avec le droit de propriété (1).

Suivant Victor Considérant, la propriété ne se légitime que par le droit au travail. Son argumentation peut se résumer ainsi :

« Constatons tout d'abord, dit-il, le droit naturel.

« L'espèce humaine est placée sur la terre pour y vivre et se développer : l'espèce est donc *usufruitière* de la surface du globe. Cette attribution de l'usufruit de la terre à l'espèce humaine n'est autre chose évidemment que l'expression du rapport naturel qui existe entre ces deux termes ou ces deux êtres : l'espèce humaine, dont la destinée est de soutenir sa vie et d'accomplir son développement et la terre dont le propre est de fournir à l'espèce toute entière les moyens de vie et de développement. Or, sous le régime qui constitue la propriété dans toutes les nations civilisées, le fonds commun sur lequel l'espèce a plein droit d'usufruit a été envahi : Eh bien, n'y eut-il en fait qu'un seul homme exclu de son droit à l'usufruit du fonds commun par la nature du régime de la propriété, cette exclusion constituerait à elle seule une atteinte au droit et le régime de la propriété qui la consacrerait serait certainement injuste et illégitime.

« Notons le premier point acquis : l'usufruit de la

1. V. Considérant avait déjà abordé ce sujet dans la Phalange (mai 1839). En 1840, sa brochure est intitulé : *Droit de propriéte et droit au travail, contre M. Arago.*

terre appartient à chaque individu de l'espèce : c'est un droit naturel imprescriptible comme le droit à l'air et au soleil. Pour voir maintenant comment et à quelles conditions la propriété particulière peut se manifester et se développer légitimement, il nous faut posséder le principe fondamental du droit de propriété. Le voici :

« Tout homme possède légitimement la chose que son travail, son intelligence et plus généralement son activité a créée.

« Nous trouvons sur la terre deux sortes de capitaux : 1° le capital primitif ou naturel qui n'a pas été créé par les hommes de la première génération : c'est la valeur de la terre brute; 2° le capital créé par la première génération. Chaque individu a un droit égal au capital primitif et aucun droit à l'autre.

« Or si le droit au capital primitif ou un droit équivalent est reconnu à chaque individu et si le capital créé est réparti continuellement entre les hommes en proportion du concours de chacun à sa production, la propriété sera constituée dans sa légitimité.

« Eh bien, le *droit au travail peut seul remplacer ce droit au capital primitif* et légitimer tout régime de propriété qui s'étend au sol. Le développement de l'humanité exige évidemment que le sol ne soit pas laissé dans un état inculte et sauvage. Le sauvage jouit de quatre droits naturels : pêche, chasse, cueillette et pâture. Mais pour user de ces droits, il est obligé d'agir : le droit primitif est le droit à ces travaux. Eh bien, qu'une société industrieuse reconnaisse à l'individu en compensation de ces droits, le *droit au travail*, l'individu n'aura plus à se plaindre : En effet, son droit primitif était le droit au travail exercé dans un atelier pauvre, son droit actuel sera le même droit exercé dans un atelier mieux pourvu et où l'activité individuelle doit être plus productive ». Mais Victor Considérant reconnaissait que le principe du droit au travail ne pouvait évidemment être fécondé que par l'organisation du travail.

Ainsi présenté le droit au travail eut peut-être paru peu subversif aux membres de l'Assemblée nationale. Mais il eut cette singulière malchance d'être aussi préconisé par J. Proud'hon dans une théorie toute inverse de la précédente : D'après Proud'hon, « il y a opposition nécessaire, antagonisme fatal entre le droit au travail ou, si l'on préfère, entre l'organisation du travail et la propriété ».

Ce n'est qu'après la discussion du droit au travail à l'Assemblée que Proud'hon exposa sa théorie. Mais on citait de lui un mot qui eut une grande influence et fut même porté à la tribune : « Un jour, raconte J. Garnier, M. Proud'hon discutant avec M. Goudchaux au sein du comité des finances, lui dit : « Oh ! mon Dieu ! monsieur Goudchaux, si vous me passez le droit au travail, je vous cède le droit de propriété ». Ces paroles ont eu quelque retentissement. Elles ont été prises pour une trahison par tous les socialistes qui ne pensent pas qu'il soit politique de dire la vérité. Elles expliquent tous les lardons

lancés de la tribune par une foule de socialistes inconsé-
quents à M. Proud'hon le plus franc d'entre eux ».

Il est curieux de lire Proud'hon après Considérant, et
de constater comment, partis du même point, la reconnaissance du droit au travail, il aboutissent tous deux à
des résultats diamétralement opposés : l'affirmation et
la négation de la propriété. Disons tout de suite qu'il est
bien difficile d'établir une comparaison quelconque entre les deux raisonnements : Considérant se place au
point de vue de la justice sociale et du droit naturel ; il
étudie ce qui devrait être, sans quitter les régions de l'i-
déal. Peut-être s'il se fut abaissé jusqu'à la réalité des
choses, s'il eût considéré dans l'application ce principe
nouveau dont il affirmait la nécessité, la fin de sa théorie
en eût-elle étrangement contredit le début. Proud'hon,
lui, envisage la propriété dans son essence même. Il a
pris soin d'écrire « ceci n'est point un pamphlet contre la
propriété » ; mais il semble bien cependant qu'il n'ait vu
dans la discussion du droit au travail qu'une occasion de
rééditer sa formule trop célèbre. Il attaque la propriété
dans son principe, ou mieux par son principe même « le
travail ». Au reste voici, aussi brièvement que possible
un exposé de sa thèse :

« La propriété existe dès l'origine des sociétés... mais
elle porte en soi son principe de correction et de perfectionnement, ce qui veut dire de mort : ce principe est le
travail.

« Le travail agit sur la propriété, il la modifie, la corrige, la perfectionne, l'universalise, la transforme d'abord par sa propre division, par la séparation des industries, puis par la concurrence des capitaux, enfin et surtout par le crédit.

« Le travail en se divisant engendre le commerce, c'est-à-dire la circulation sociale. Or la circulation dans la société, c'est la réalisation, l'expression matérielle de ce que les socialistes appellent solidarité... Supposez dans le corps social une circulation parfaite, ce qui veut dire un échange exact et régulier des produits contre les produits : la solidarité humaine est établie, le travail est organisé ; le juste salaire, seul revenu légitime, est garanti ; la propriété n'ajoute rien à la sécurité ni aux bien-être du producteur : elle cesse d'être un desideratum de l'existence et disparaît par la gratuité de son titre : il y a contradiction essentielle entre la circulation et la propriété.

« Le travail, en second lieu, agit sur la propriété par la création des capitaux, c'est-à-dire par une concurrence incessante : Un capital accumulé devenant à son tour comme un fonds de terre et souvent mieux que la terre elle-même, instrument et matière de production, opère exactement comme ferait une addition de sol au territoire déjà occupé. Le capital industriel affranchit le travailleur de la subordination du propriétaire foncier en lui créant une autre carrière... L'industrie et le commerce, par des salaires supérieurs, par un revenu plus fort, attirant le prolétaire des champs travaillent incessamment à ruiner la propriété agricole. Du reste le même mouvement commencé contre le propriétaire foncier se continue contre le propriétaire de manufactures, le fabricant, l'entrepreneur. Supposons donc ce mouvement de capitalisation industrielle organisé de manière à offrir toujours un refuge assuré aux générations naissantes qui n'ont pas de part dans la propriété acquise, — et j'affirme que cela est possible, — il est clair que le fermage doit peu à peu disparaître et la terre rester au mains de ceux-là seuls qui la cultivent. La perfection du travail, non seulement du travail industriel, mais du travail agricole, implique donc encore, comme le perfectionnement de la circulation, négation en fait et en droit de la propriété.

« Le travail enfin attaque la propriété par le crédit et de mille manières. — Le loyer des capitaux s'est abaissé progressivement jusqu'à 5 0/0. Achevez par hypothèse la progression et l'intérêt devenant nul, le propriétaire étant désintéressé de la propriété, la propriété n'a plus de raisons suffisantes, elle s'évanouit.

« Le droit au travail n'est donc point une action contre la société : c'est une action contre la propriété. Il y a antagonisme fatal entre le droit au travail et le droit de propriété : le premier principe est la négation du second. Il tend continuellement à l'absorber et doit à la fin, en le transformant, le faire disparaître (1). »

Mais de ces deux théories, la première n'avait laissé

1. J. Proud'hon. *Le droit au travail et le droit de propriété.*

une impression durable qu'aux seuls adeptes de moins
en moins nombreux du fouriérisme ; la seconde n'ayant
pas encore été formulée, n'était connue que par un mot
de Proud'hon. Aussi, pour l'opinion publique comme pour
la majeure partie des membres de l'Assemblée Nationale,
le droit au travail se présentait sous une autre forme ; il
apparaissait comme le couronnement d'un système social qui depuis une dizaine d'années jouissait de la popu-
larité par la hardiesse de sa conception et plus peut-être
encore par l'éloquence si remarquable de son auteur :
l'*Organisation du travail* de Louis Blanc. C'est en 1839 que
Louis Blanc, déjà bien connu comme publiciste, donna
dans la *Revue du progrès social* un premier aperçu de sa
théorie. L'année suivante « quelques ouvriers ayant pensé
que dans les circonstances actuelles, il était bon de donner à ce travail plus de publicité », il fit de l'article une
brochure dont la publication ne laissa pas de causer quelque bruit.

Après une critique sévère de l'état social et un exposé
des misères du prolétariat dues au régime de la libre
concurrence, Louis Blanc pose ce principe : « Il n'y a pas
de liberté là où il est possible qu'un homme de bonne
volonté meuré de faim et tout homme qui demande du
travail a le droit d'en recevoir ». Pour sa mise en œuvre,
il empruntait à Fourier, dont il fut du reste un sincère
admirateur, cet autre principe : l'association. Mais non
plus le système étrange et utopique de Fourier : Louis
Blanc quitte l'abstraction et s'attache surtout au côté

pratique de l'association. L'exposé qu'on trouve dans l'*Organisation* du travail est bien simple : l'Etat au moyen d'un emprunt, créerait des ateliers sociaux où seraient appelés à travailler tous les ouvriers offrant des garanties de moralité. Ces ateliers produiraient chaque année des bénéfices qu'on diviserait en trois parts, l'une répartie entre les membres de l'association, la seconde consacrée à l'entretien des vieillards et infirmes ou à l'allègement des crises pesant sur les autres industries, la troisième devant servir à l'achat d'instruments de travail pour ceux qui voudraient se joindre à l'association. Il y aurait ainsi un atelier social faisant concurrence à l'industrie privée : la lutte serait courte, l'atelier social ayant l'avantage qui résulte des économies de la vie en commun et d'un mode d'organisation où tous les travailleurs sont intéressés à produire vite et bien. La lutte ne serait pas subversive parce que le gouvernement serait toujours à même d'en amortir les effets en empêchant de descendre à un niveau trop bas les produits sortis de ces ateliers. L'association s'étendrait ainsi d'abord au même genre d'industrie pour aboutir à la solidarité des industries diverses. Conclusion : une révolution sociale doit être tentée pacifiquement.

Cette révolution se fit, mais non point pacifiquement. Et c'est précisément quand elle fut faite, quand le décret du 26 février eut rendu indispensable la création de la commission du Luxembourg (1) sous la présidence de

1. Commission de gouvernement pour les travailleurs. *Séance du 20 mars 1848* : « A partir de ce jour la commission se trouve com-

Louis Blanc, qu'il devient curieux d'étudier son système. Les difficultés surgissent, les objections s'élèvent : c'est la théorie aux prises avec la réalité.

Louis Blanc fit une nouvelle déclaration de principe : « Que faut-il pour que tous les hommes soient heureux ? Deux choses : d'abord que chacun puisse développer librement ses facultés et ses aptitudes. Ensuite que chacun puisse contenter pleinement ses besoins et ses goûts. De chacun selon ses facultés, là est le devoir ; — A chacun selon ses besoins, là est le droit ».

Ceci entendu, Louis Blanc exposait ainsi ses projets : « Les entrepreneurs disent : c'en est fait ! ce n'est pas seulement une monarchie, c'est une société qui s'en va. D'autre part les ouvriers sont agités de pensées inquiètes. Beaucoup ne veulent plus subir les anciennes conditions de travail. — Que faire ? voici ce que nous proposons. Aux entrepreneurs qui se trouvent aujourd'hui dans des conditions désastreuses et viennent nous dire : « que l'Etat prenne nos établissements et se substitue à nous », nous répondrons : l'Etat y consent. Vous serez largement indemnisés. Mais cette indemnité ne pouvant être prise sur les ressources du présent, lesquelles sont insuffisantes sera demandée aux ressources de l'avenir.

« L'affaire ainsi réglée avec les propriétaires d'usines, posée de 10 délégués des ouvriers et de 10 délégués des patrons représentant les diverses industries parisiennes, plus plusieurs personnes connues pour la spécialité de leurs études et choisies de telle sorte que toutes les théories, tous les intérêts puissent être interrogés dans ce solennel débat ».

l'État dirait aux ouvriers : « Vous allez travailler désormais dans ces usines comme des frères associés » (1).

Mais ici se présentait une grosse difficulté : la question des salaires. Louis Blanc avait dit : « Nous sommes partisans de l'égalité des salaires parce que l'égalité est un principe d'ordre qui exclut les jalousies et les haines ». Mais les futurs frères associés, délégués des ouvriers, choisis parmi les meilleurs d'entre eux, ne voyaient pas sans défiance s'établir un système de rémunération dans lequel le travail ni le mérite n'obtenaient de considération : point noir au milieu de l'enthousiasme. C'est sans conviction que furent écoutées les explication de l'orateur à ce sujet :

« On nous objecte, protestait-il, que l'égalité ne tient pas compte des aptitudes diverses. — Mais, selon nous, si les aptitudes peuvent régler la hiérarchie des fonctions, elles ne sont pas appelées à déterminer des différences dans la rétribution. La supériorité d'intelligence ne constitue pas plus un droit que la supériorité musculaire. Elle ne crée qu'un devoir : il doit plus celui qui peut d'avantage, voilà son privilège.

« On nous objecte que l'égalité tue l'émulation. Rien de plus vrai dans tout système où chacun ne stipule que pour soi, où les travailleurs ne sont que juxtaposés, n'agissent qu'à un point de vue purement industriel et n'ont aucune raison d'établir entre eux ce que j'appellerai le

1. *Le droit au travail au Luxembourg et à l'Assemblée.* Commission du Luxembourg (séance du 20 mars 1848).

point d'honneur du travail. Mais qui ne sent que parmi des travailleurs associés, la paresse aurait bien vite le caractère d'infamie qui, parmi les soldats réunis, s'attache à la lacheté ? Qu'on plante dans chaque atelier un poteau avec cette inscription : *Dans une association de frères qui travaillent, tout paresseux est un voleur.* »

Les projets de Louis Blanc proposés au Luxembourg se résumaient d'ailleurs dans ce mot : la création d'un ministère du progrès. Le ministère serait chargé : 1° de racheter au moyen de rentes sur l'Etat, les chemins de fer et les mines ; 2° de transformer la banque de France en banque d'état ; 3° de centraliser les assurances ; 4° d'établir sous la direction de fonctionnaires responsables de vastes entrepôts, où producteurs et manufacturiers seraient admis à déposer leurs marchandises représentées par des récépissés pouvant faire office de papier-monnaie ; 5° enfin d'ouvrir des bazars correspondant au commerce de détail. Des bénéfices de ces institutions le ministère du travail composerait le budget des travailleurs.

Les plans de Louis Blanc ne furent pas une inspiration éphémère. Le gouvernement en poursuivit l'éxécution jusqu'à mettre l'ordre social en péril. A ce propos, Louis Blanc a repoussé avec indignation (1) toute participation directe à la création des ateliers nationaux. C'est juste (2) : mais

1. *Histoire de la Révolution de* 1848.

2. On pourrait objecter cependant les propres paroles de Louis Blanc dans un discours prononcé au Luxembourg quelques jours avant la réunion de l'Assemblée : « L'Etat doit créer de nouveaux

il n'en reste pas moins avéré que les ateliers nationaux
de 1848 et leurs conséquences désastreuses ont eu pour
cause première son décret du 26 février sur la garantie du
travail. Le peuple qui mettait trois mois de misère au service de la République n'aurait pas eu trois mois de pa-
tience, surtout à ce moment où la Presse grossie de toute
sorte de publications éphémères, dépassait toute retenue
comme pour se prouver à elle-même la liberté qu'elle venait de conquérir (1). Les discussions du Luxembourg, les
promesses de Louis Blanc, les essais infructueux qu'il ten-

centres de travail et de production où toute la portion déclassée,
inoccupée et nécessiteuse de la population puisse être admise immédiatement et trouver bien-être, sécurité, dignité, liberté. Pour
répondre à ce besoin.... nous proposons la création d'ateliers agricoles sur les différents points du sol français où pourra être déversé
le trop plein des villes manufacturières ».

1. On lit dans un curieux ouvrage paru en 1848 : *Les journaux
rouges, histoire critique de tous les journaux ultra-republicains en* 1848,
préface par un girondin : « Chaque jour, chaque nuit, les presses de
la capitale, nouvelles cataractes, vomissent sur le pavé des milliards
de carrés de papier qui tous, du plus petit au plus grand, ont la singulière prétention d'apprendre au peuple ce qu'il doit faire, de tra-
cer au gouvernement la ligne de conduite qu'il doit tenir. Jamais
à aucune époque on n'a vu un pareil débordement.... Les théories
les plus insoutenables, les doctrines les plus extravagantes, les plus
folles, les motions les plus déraisonnables se produisent à l'envie
dans ces morceaux de papier qui, pour la plupart, sentent le gros
vin.... Au lieu de contenir dans de sages limites l'effervescence des
masses, on ne songe qu'à l'exalter ». — Citons en particulier le
journal *l'organisation du travail* qui parut en une vingtaine de nu-
méros du 3 au 24 juin : « il a fait du bruit dans la rue et les salons et
à la Chambre des réprésentants avec sa spécialité qui consistait à
dresser la liste des fortunes mobilières, en un mot le bilan de la
bourgeoisie ».

tait étaient de bien faibles calmants à la surexcitation populaire. « La masse avait si bien pris au sérieux les doctrines qu'on lui avait prêchées, qu'on vit des paysans ignorants travailler de force sur le champ d'autrui et exiger leur salaire avec violence (1) ».

Le décret du 26 février : « Le gouvernement provisoire décrète l'établissement immédiat d'ateliers nationaux »,

1. « Dans le courant du mois d'avril dernier, un certain nombre d'ouvriers journaliers de la commune de Lunel se transportèrent par bandes sur diverses pièces de terre de cette commune et se mirent à les cultiver sans en avoir demandé l'autorisation des propriétaires et même malgré le refus de ces derniers. Le travail ainsi fait, sans direction ni surveillance, ces ouvriers se présentaient chez les propriétaires et leur demandaient le paiement de leurs journées. Ceux-ci, comme on le pense bien, n'admettaient pas cette conséquence du *droit au travail*, se refusaient au paiement demandé : de là, injures, menaces et violences de la part des ouvriers. Plusieurs de ces travailleurs se transportèrent dans les vignes d'un propriétaire de Lunel. malgré les défenses de celui-ci, et les gardes-champêtres ayant voulu les en faire sortir, ils s'y refusèrent et se répandirent en outrage et en menaces contre ces agents de la force publique.

« Le lendemain, 7 mai, certains des mêmes travailleurs se rendirent à Saint-Just, chez un sieur Lambremont, propriétaire de cette commune, pour exiger de lui le salaire d'un travail qu'il n'avait pas commandé. Celui-ci ayant résisté, ces ouvriers se livrèrent à des menaces de mort et d'incendie et à des violences mêmes sur sa personne ; deux d'entre eux tentèrent d'emporter deux agneaux pris dans sa bergerie et qui ne furent rendus qu'à la sortie du village.

« Sept arrestations furent opérées pour ces faits — Ces arrestations furent le signal d'une rébellion fort grave » (*Gazette des tribunaux* du 16 septembre — Tribunal correctionnel de Montpellier, séances des 18 et 19 août.)

était donc une mesure de prudence opportune. Des secours s'imposaient, après plusieurs jours d'une agitation
politique qui, en arrêtant tout à coup le travail industriel et commercial avait plongé dans la dernière détresse
la population ouvrière de Paris. Si des fautes furent ensuite commises, entraînant d'irréparables malheurs, la
responsabilité doit en être attribuée à la fois au décret
sur la garantie du travail et à la mauvaise organisation
des ateliers.

Le décret sur la garantie du travail eut ce résultat fu-
neste de faire croire aux ouvriers que les ateliers nationaux étaient l'innovation durable d'un régime de production tout différent de l'ancien, en quelque sorte la réalisation de cette organisation du travail qu'on venait de
leur promettre ; tandis que dans la pensée de Marie et de
ses collègues, ces ateliers n'étaient autres qu'un moyen
d'assistance temporaire, renouvelé des ateliers de secours auxquels les gouvernements précédents avaient re-
cours, nous l'avons vu, dans les moments de crise industrielle. Aussi, quand le directeur voulut organiser deux
ateliers de tailleurs et de cordonniers dans le but de
fournir à prix coûtant des chaussures et des vêtements
aux ouvriers des ateliers nationaux, « les tailleurs et les
cordonniers, ne voulant pas se rendre compte du caractère essentiellement transitoire de ces ateliers de secours
pensaient toujours à leurs antécédents professionnels et
exigeaient des prix de façon très élevés pour quitter les
travaux de terrassement. Ce ne fut qu'un mois après leur

installation qu'on parvint à vaincre leurs répugnances et que les cordonniers consentirent à faire un minimum de deux paires de souliers en trois jours, la paire étant payé trois francs » (1).

Le tort des organisateurs fut de ne point comprendre combien cette idée s'était profondément implantée dans les classes ouvrières. De là, un malentendu : le gouvernement disait secours et assistance, le peuple répondait garantie du travail. Et alors, voici comment les choses se passaient. Aucune garantie de séjour n'était exigée pour l'embauchage ; l'ouvrier se munissait d'abord d'un certificat de son propriétaire ou de son logeur. En échange de ce certificat soumis au visa et au timbre du commissaire de police, on lui délivrait à la mairie un bulletin d'admission aux ateliers nationaux, lequel portait les indications du nom, du domicile et de la profession. « Tant que le nombre des travailleurs inoccupés n'atteignit pas le chiffre de six mille, tout alla bien ; mais quand ce nombre fut dépassé les ouvriers de chaque arrondissement, après s'être présentés infructueusement à chacun des ateliers ouverts, revenaient à leur mairie, harassés de fatigue, mourant de faim et mécontents » (2). Les organisateurs s'inspirant de l'idée de secours et assistance donnèrent dans ce cas, au lieu de travail, l'équivalent du salaire : l'ouvrier travaillant aux ateliers de terrassement recevait la somme fixe de 2 francs, l'ouvrier inemployé

1. Office du travail. *Documents sur la question du chômage.*
2. Emile Thomas. *Histoire des ateliers nationaux.*

eut droit à 1 fr. 50 par jour (1). Dès lors, comme l'a fort bien remarqué Emile Thomas, voici le calcul que faisait logiquement l'ouvrier : « l'Etat me donne trente sous pour ne rien faire ; il me paye quarante sous quand je travaille : donc je ne dois faire que pour 10 sous d'ouvrage ». Faut-il s'étonner si le nombre des ouvriers augmenta d'une façon effrayante ?

Les chantiers furent ouvert le 1er mars, 1.500 ouvriers furent employés au nivellement de la place de l'Europe, 600 à des travaux de terrassement quai de la gare, 800 au redressement de la route nationale passant par Courbevoie et 2.000 au champs de Mars, sous la direction du ministre de la Guerre. On évaluait le 5 mars, le nombre des ouvriers sans travail à 17.000, sur lesquels 5000 étaient déjà embauchés. Le 15 mars, 14.000 ouvriers avaient été inscrits par les mairies et adressés au bureau central et aucun nouveau travail n'avait été décidé, et à la fin du mois, le nombre des ouvriers embrigadés s'élevait à 40.000 et la dépense à 70.000 francs par jour ; la paye ne dépassait pas 8 francs par semaine pour chacun. Les mairies continuèrent à délivrer des billets d'admission aux ateliers sans exercer aucun contrôle sur les demandes, au point d'en donner à des enfants ; le 16 avril, il y avait 66.000 inscrits. Puis les habitants de la banlieue furent admis sur les chantiers parisiens. Ceux des campagnes et des villes environnantes vinrent s'établir à Paris

---

1. Plus tard, à partir du 17 mars, l'ouvrier inemployé ne reçut plus que 1 franc.

pour y chercher une subsistance facile à acquérir. Les garnis qui ne contenaient pas 10.000 ouvriers au mois de février, en logeaient plus de 30.000 à la fin de mai. A partir du 15 mai, le nombre des inscrits aux ateliers dépassa 100.000 et depuis deux mois et demi que les chantiers étaient ouverts l'on n'avait pas trouvé de travaux réellement utiles à faire exécuter aux ouvriers (1).

Engagé dans cette voie, on devait fatalement aboutir à un désastre.

D'autre part, comme on sait, les choses tournèrent mal aussi. Les membres de la commission du Luxembourg durent se séparer sans avoir rien fait, au point de vue du moins de l'organisation sociale. L'Assemblée nationale repoussa d'emblée le projet de ministère du progrès, ce dont les délégués ouvriers du Luxembourg conçurent quelqu'animosité si l'on en juge par une affiche du 11 mai 1848 qui reproduit le décret du 26 février sur la garantie du travail et le fait suivre de cette appréciation : « Les promesses faites sur les barricades n'étant pas accomplies et l'Assemblée nationale ayant refusé, dans sa séance du 10 mai, de constituer un ministère du travail, les délégués du Luxembourg refusent d'assister à la fête dite de la Concorde (2) ».

Le même jour, à l'Assemblée, Louis Blanc s'efforçait de justifier sa conduite devant un auditoire hostile : « On

1. Office du travail, *op. cit.*
2. *Curiosités révolutionnaires, les affiches rouges en 1848*, (1851).

nous a reproché, citoyens, d'avoir posé la question du travail parce que, disait-on, cette question était redouta-·ble. Ce n'est pas nous qui l'avons posée, c'est la révolution ;elle a été posée au milieu du combat ; elle a été posée sur les barricades ; elle a été posée le jour même de la révolution par le peuple armé et le lendemain de la révolution par le peuple affamé ; qu'on renvoie donc au peuple le reproche qu'on nous adresse (1) ».

Mais on avait dit et répété solennellement aux populations qu'on donnerait du travail à chaque citoyen ; on leur avait dit que cette garantie était un droit, et lorsqu'on fut obligé de revenir sur ses pas, d'avouer qu'on n'avait pas de ressources, qu'on avait promit plus qu'on ne pouvait tenir, elles se crûrent trompées et elles prirent les armes pour porter aux affaires ceux des hommes politiques qui continuaient à leur promettre l'accomplissement de leurs illusions (2).

Faussement impliqué dans l'insurrection du 15 mai, Louis Blanc n'échappa que par la fuite à une condamnation certaine. Avec lui partaient en exil les plus chères espérances de ses partisans.

1. Assemblée Nationale, *Séance du 11 mai 1848*.
2. Joseph Garnier, *op. cit.*

III

La discussion du droit au travail devant l'Assemblée nationale constituante de 1848.

Au tumulte des discussions qui, durant trois mois, avaient agité vainement l'ambition des masses ouvrières, une réalité survivait : le décret du 26 février. Resté sans application, il ne devait pas rester sans influence ; c'est à lui qu'est due l'inscription du droit au travail dans le premier projet de la Constitution de 1848 ; il est la cause première de ces débats auxquels, pendant plusieurs séances, s'efforcèrent de prendre part tous les savants penseurs de France, depuis les économistes les plus éminents jusqu'au plus humble représentant qui put mettre un peu d'éloquence au service de quelques vagues notions de cette science sociale qui naissait à peine.

Il faut s'arrêter devant cette discussion. C'est la première fois dans les temps modernes que le socialisme affirmant ses prétentions à la face d'une assemblée nationale ait osé réclamer une place dans la constitution d'un état.

« Quant on relit aujourd'hui ces débats, écrit M. Edmond Villey (1), on est frappé de la différence profonde dans l'état des esprits entre cette époque et la nôtre, différence singulièrement alarmante pour ceux qui pensent

1. *Le socialisme contemporain.*

que les institutions et les croyances dominent et dirigent
les mœurs des peuples et décident de leur avenir. Toute
cette grande discussion est animée d'un souffle spiritualiste sans qu'on y perçoive une seule note discordante.
Non seulement la Constitution est proclamée et décrétée
« en présence de Dieu » dont il semble qu'on n'ose plus
aujourd'hui prononcer le nom ; non seulement des hommes comme Lamartine déclaraient « adorer la propriété
comme principe divin, comme loi de Dieu et non pas
comme loi humaine » et proclamaient « qu'il fallait rattacher à un principe spiritualiste, moral, religieux, divin, rattacher à Dieu, chainon par chainon, toutes les dé-
clarations sommaires comme toutes les réalisations
populaires, pratiques que nous devons à Dieu qui les
inspire » ; des hommes comme Tocqueville disaient que
la révolution de février doit être chrétienne et démocratique et non socialiste..... Mais c'est encore dans le camp
le plus avancé du socialisme qu'on entend les affirmations
les plus rassurantes : Félix Piat qualifiait le travail « de
moyen divin qui distingue l'homme de la brute, qui l'affranchit du besoin, qui lui soumet la nature et qui l'é-
lève jusqu'à la majesté du créateur » ; et il ajoutait que « la
loi du Christ a été accomplie elle-même par la révolution
française » ; Ledru-Rollin prêchait la fraternité comme
quelque chose de spiritualiste et d'idéal : « Est-ce que par
hasard, j'ai la prétention que l'État se fasse manufacturier et producteur ? je serais fou »... Louis Blanc disait que
« tout homme a reçu de Dieu le droit de vivre. » — Au

siège de presque toutes les associations ouvrières, dit Benoît Mâlon, on voyait une gravure représentant un juif en vêtement d'ouvrier et portant pour inscription : *Jésus de Nazareth, premier représentant du peuple* ».

Le droit au travail était formellement reconnu dans le premier projet de Constitution lu par Armand Marrast au nom de la Commission de constitution dans la séance du 20 juin 1848 :

Article 2 : — La Constitution *garantit* à tous les citoyens : la liberté, l'égalité, la sûreté, l'instruction, *le travail*, la propriété, l'assistance...

Article 7 : — *Le droit au travail est celui qu'a tout homme de vivre en travaillant*. La société doit, par les moyens productifs et généraux dont elles dispose et qui seront organisés ultérieurement, fournir du travail aux hommes valides qui ne peuvent s'en procurer autrement.

CHAPITRE VIII. — *Garantie des droits*. — Article 132 : — Les garanties essentielles du droit au travail sont : la liberté même du travail, l'association volontaire, l'égalité des rapports entre le patron et l'ouvrier, l'enseignement gratuit, l'éducation professionnelle, les institutions de prévoyance et de crédit, et l'établissement par l'État de grands travaux d'utilité publique destinés à employer, en cas de chômage, les bras inoccupés.

Le premier projet fut discuté dans les bureaux de la Chambre et un délégué de chaque bureau fut chargé de reproduire les résultats de cette discussion devant la commission. De ces nouvelles études naquit un second projet présenté le 29 août ; la formule du droit y avait fait place à celle du devoir :

Préambule. article 8. — La République *doit* protéger le citoyen dans sa personne, sa famille, sa religion, sa propriété, son *travail... ; elle doit la subsistance aux citoyens nécessiteux, soit en leur procurant du travail dans les limites de ses ressources, soit en donnant à défaut de la famille les moyens d'exister à ceux qui sont hors d'état de travailler.*

Constitution. Chapitre II, art. 13. — La société favorise et encourage le développement du travail par l'enseignement primaire gratuit, l'éducation professionelle, l'égalité de rapport entre le patron et l'ouvrier, les institutions de prévoyance et de crédit, les associations volontaires et l'établissement par l'Etat, les départements et les communes de travaux publics propres à employer les bras inoccupés...

Le rapport de Marrast expliquait ainsi ce changement :

« Nous sommes convaincus et nous affirmons qu'une société est mal ordonnée lorsque des milliers d'hommes honnêtes, valides, laborieux, n'ayant d'autre propriété que leurs bras, d'autres moyens d'existence que le salaire, se voient condamnés sans ressources aux horreurs de la faim, aux angoisses du désespoir, ou à l'humiliation de l'aumône, frappés par des circonstances supérieures à leur volonté, qui viennent les chasser du toit où le salaire les faisait vivre. Nous disons que lorsqu'un citoyen dont le travail est la vie offre à travailler pour se nourrir, pour nourrir une femme, des enfants, un vieux père, une famille, si la société impassible détourne les yeux, si elle répond : « Je n'ai que faire de votre travail, cherchez ou mourez, mourez vous et les vôtre », cette société est sans entrailles, sans vertu, sans moralité, sans sécurité. Elle outrage la justice, elle révolte l'humanité ; elle agit en heurtant tous les principes que la république proclame.

« C'est au nom de ces principes que nous avions écrit dans la Constitution le droit de vivre par le travail, *le droit au travail*.

« Cette formule a paru équivoque et périlleuse. On a craint qu'elle ne fût une prime à la fainéantise et à la débauche ; on a craint que des légions de travailleurs, donnant à ce droit une portée qu'il n'avait pas, ne s'en armassent comme d'un droit d'insurrection. A ces objections importantes s'en ajoute une autre plus considérable : Si l'Etat s'engage à fournir du travail à tous ceux qui en manquent pour une cause ou pour un autre, il devra donc donner à chacun le genre de travail auquel il est propre. L'Etat deviendra donc fabricant, marchand, grand ou petit producteur. Chargé de tous les besoins, il faudra donc qu'il ait le monopole de toute industrie.

« Telles sont les énormités qu'on a vues dans notre formule du droit au travail et puisqu'elle pouvait prêter à des interprétations si contraires à notre pensée, nous avons voulu rendre cette pensée plus claire et plus nette, en remplaçant le droit de l'individu par le devoir imposé à la société. »

Mais devant l'Assemblée, le droit au travail reparut sous forme d'amendement. Mathieu de la Drôme proposa de remplacer ainsi, dans son entier, l'article 8 du préambule : « La République doit protéger le citoyen dans sa personne, sa famille, sa religion et sa propriété. Elle reconnaît *le droit* de tous les citoyens à l'instruction, *au travail* et à l'assistance ». Cet amendement fut le point de départ des débats qui occupèrent cinq longues séances durant lesquelles une vingtaine d'orateurs purent seuls être entendus, l'Assemblée ayant reculé devant le nombre des inscrits.

Ce qui frappe tout d'abord dans ces discours c'est la difficulté éprouvée par les représentants à se faire une idée de ce que peut bien être le droit au travail. On trouve de ceci une preuve dans un des nombreux écrits sur ce sujet que les derniers mois de l'année 1848 virent éclore : « Nous voudrions dès ici et avant de passer à la discussion du droit au travail en donner une définition satisfaisante. Droit au travail, cela est singulièrement vague. Quel droit? quel travail ? Est-ce un droit absolu, est-ce un droit professionnel ?... Nous ne pouvons répondre d'une manière nette et précise alors surtout que ces questions se trouvent posées par ceux-là mêmes qui se sont faits soit les inventeurs, soit les éditeurs responsables de ce quelque chose qu'eux-mêmes envisagent à des points de vue divers » (1).

Mathieu de la Drôme, l'auteur de l'amendement, disait : « Ce que je propose à l'assemblée ce n'est pas la garantie de l'exercice du droit au travail, c'est simplement la reconnaissance explicite de ce droit... l'individu doit chercher par ses efforts à se créer une position honnête, indépendante dans la société. Mais s'il vient à échouer, il y a un devoir à remplir de la part de l'Etat... recueillir les individualités qui peuvent avoir été jetées en dehors du mouvement industriel et employer ces individualités à des travaux d'utilité publique. » — « Oui sans doute, disait de son côté Arnaud de l'Ariège, dans la pensée de quelques rêveurs, de quelques hommes coupables, le droit au travail est la négation de la propriété, la négation de la liberté ; oui, dans la pensée de quelques mauvais citoyens le droit au travail est le principe de l'insurrection ; mais si l'on avait montré que le droit au travail n'est ni la négation de la propriété, ni la négation de la liberté, ni la destruction de l'ordre public, je ne vois pas pourquoi vous reculeriez devant ces craintes chimériques. » Pour Arnaud d'ailleurs, droit de l'individu ou devoir de l'Etat ne diffèrent point : « Qu'importe que vous posiez dans la constitution le devoir de la société ou le droit dont vous investissez les citoyens... et même en réalité j'aimerais mieux la formule du devoir que celle du droit». — « Le droit au travail ! s'écrie Ledru-Rollin, il a été la

1. Merson, *Du droit au travail*, (1849).

pensée favorite, le mobile constant des hommes d'état de la Convention. Le droit au travail ! ils l'ont inscrit dans le rapport d'un de leurs membres les plus éminents, dans le rapport de Robespierre : Les secours publics sont une dette sacrée. La société doit la subsistance aux citoyens malheureux, soit en leur procurant du travail, soit en assurant les moyens d'exister à ceux qui sont hors d'état de travailler. Dans cet article que trouvez-vous ?... le droit au travail. » — Pour Martin Bernard, le droit au travail c'est simplement le droit à l'existence mis en œuvre par l'association (1). Pour lui, comme du reste pour un autre orateur, Billaut, le droit au travail n'est pas un droit *absolu* : « Croyez-le, messieurs, en ce qui concerne le droit au travail, votre bonne volonté suffira pourvu qu'elle soit officiellement consignée dans la Constitution » ; et Billaut : « Ecrivons donc dans notre Constitution ce principe dont la formule nous obligera à étudier, à nous ingénier, ce droit, cette dette (de la société) ne doivent pas être écrits avec cet absolutisme qui les isole de toutes les autres dettes, de tous les autres droits. Il faut qu'il soit bien apparent que cette dette de la société n'est pas la seule, qu'il y en a beaucoup d'autres aussi sacrées, aussi urgentes et qu'à toutes il ne peut être fait face que dans la limite du possible et des ressources du pays. Quand je demande le droit au travail, que voulè-je ? que

1. Cette idée du droit à l'existence fut reprise du reste sous forme d'amendement par Glais-Bizoin : « La République reconnaît le droit de tous les citoyens à ... l'existence par le travail ».

vous l'inscriviez dans une Constitution qui, apparemment sera durable... Or quand vous inscrirez le droit au travail, vous ne serez pas forcés de l'avoir organisé dès le lendemain ».

Telle était de l'avis de ses défenseurs, la signification du droit au travail. Ses détracteurs le comprenaient d'une façon sensiblement différente : « Est-ce un droit au travail que l'auteur de l'amendement veut définir à sa façon ? disait un représentant, Gaulthier de Rumilly ; mais ces mots ont un sens qu'il n'est au pouvoir de personne de changer ; et en vain répéterait-on que ce droit écrit en tête de la Constitution est une espèce de droit autre que le premier droit au travail ; que le travail dont il s'agit est une espèce particulière de travail. On ne peut pas faire un dictionnaire particulier pour la Constitution ; et la logique des sophistes ou des masses, s'appuyant sur les habitudes de la langue, leur donnera, tôt ou tard, le seul sens qu'ils puissent avoir. Quelqu'atténuation qu'on veuille donner aux mots, les conséquences n'en sont pas moins dangereuses. » — Et Duvergier de Hauranne : « Ou bien ces mots droit au travail sont de vains mots, des mots qui n'ont aucune espèce de sens, ou ils veulent dire que tout homme, que tout ouvrier, quand le travail lui manque, a le droit de venir trouver l'État et de lui dire : Donnez-moi du travail, donnez-moi un salaire suffisant pour me faire exister, moi et ma famille ». — Marcel Barthe : « Il n'est pas raisonnable de dire que les ouvriers de 1832, dont parlait M. Ledru-Rollin et qui demandaient le droit de

vivre en travaillant ; que les ouvriers de 1848, qui formu-
lèrent aussi le droit au travail, l'entendissent de telle
façon qu'on pourrait toujours leur dire : L'Etat exécute un
canal, une grande route à quarante ou cinquante lieues
d'ici, allez-y prendre une brouette, une pelle, allez vous
livrer aux travaux de laterre..... Non, messieurs, le droit
au travail, entendu ainsi, serait une mystification. Ce n'est
pas ainsi que ces ouvriers tisseurs qui inscrivaient sur
leur bannière le droit de vivre en travaillant, entendaient
le droit au travail. Ils n'entendaient point que l'Etat pût
leur dire : « Abandonnez vos femmes et vos enfants ; allez
à vingt lieues d'ici brouetter de la terre ». Ils entendaient
par droit au travail que chaque citoyen avait le droit d'exiger de la société un travail conforme à sa profession. »

Cette divergence de vues s'accentuait naturellement
dans la discussion. Au reste, voici, autant qu'il est possible
d'en donner un aperçu, l'ensemble des principaux arguments présentés pour et contre le droit au travail.

Les discours de ses partisans expriment les idées sui-
vantes :

« Le droit au travail a été promis au peuple comme prix
de sa conquête de février, par le gouvernement provisoire.
Le peuple y compte, le peuple l'attend. C'est à l'Assemblée nationale à lui tenir parole (1) ». Or le projet de constitution ne proclame pas le droit au travail : il accorde le
droit à l'assistance et ce sont deux choses entièrement
différentes. Quest-ce que l'assistance ? où commence-

1. *Discours* de Pelletier.

t-elle ? où finit-elle ? « Dans la ville de Paris, en supposant une famille de cinq membres, c'est, par individu, 60 grammes de pain et 20 grammes de viande.... dites moi si, dans une telle situation, le père de famille pourra songer à l'éducation, à l'avenir de ses enfants, s'occuper de leur ouvrir une carrière (2) » ? D'ailleurs quand un homme travaille, vous vous sentez le cœur content ; il travaille pour vous, il travaille pour lui, il s'ennoblit. « Mais quant à celui qui tend la main pour recevoir l'aumône... dans cette situation humiliée... cet homme qui ne peut manger que sous peine d'une condamnation, cet homme peut être votre frère, il n'est pas votre égal : il n'est pas un *membre du peuple souverain* (3) ». Or la misère est indéniable. Oui, sans doute, la société française a fait d'immenses progrès ; l'industrie s'est admirablement développée, mais les misères ont crû avec ces merveilles. En face de ces maux n'est-il pour la société aucun devoir, aucune dette ? On objecte : La nature et la société ont dit à l'homme, travaille, travaille et tu en seras récompensé par le produit de ce travail qui sera ta propriété et que nous protégerons. — Oui, cela est vrai ; mais continuons le dialogue. Si cet homme auquel la société dit travaille, vient lui répondre : « je suis prêt à travailler, je ne demande pas mieux, voilà mes bras ; voilà ma famille qu'il faut nourrir ; mais je ne puis trouver de travail » ; que répondra la société ? Faudra-t-il qu'elle lui dise : Je ne puis rien pour

2. Mathieu de la Drôme.
3. Ledru-Rollin.

toi, meurs, je t'oublie !-Personne au monde n'oserait tirer une pareille conséquence.

« La nature, elle, est impuissante ; sa loi inévitable a
dit : travaille ; et si le travail manque, elle laisse l'individu
impuissant languir et mourir. La société, au contraire,
s'est formée pour développer, pour améliorer, pour com-
pléter l'existence de l'individu dans l'état de nature, pour
organiser autour de lui la prévoyance, pour lui créer dans le
monde une sorte de providence terrestre qui l'aide dans
sa misère, qui l'en affranchisse autant qu'elle le pourra...
La dette sociale est donc incontestable... qui de nous niera
qu'une société civilisée ne doive à l'enfant abandonné sa
nourriture, sa vie ? Personne. Qui de nous niera qu'on ne
la doive également au vieillard et à l'estropié ?... il faut
forcément admettre cette dette aussi enveis le travailleur
valide qu'un accident, qu'un malheur imprévu, temporaire a mis dans une situation équivalente à celle de celui
à qui la nature ne permet pas encore ou ne permet plus
de travailler » (1).

Maintenant le travail est-il un droit ? La question doit
être examinée au point de vue de la justice. de la politique,
de la morale, et de l'intérêt économique.

Point de vue de la justice : le droit au travail est parallèle au droit de propriété ; l'un est la condition *sine
qua non* de l'autre. « Supposons que tout ce qui existe
soit possédé, terres, usines, maisons, fabriques, instruments quelconques du travail, tout a un maître ; l'homme

1. Billaut.

qui ne possède rien, l'homme qui est venu au monde dans un dénûment absolu, le prolétaire ne peut vivre évidemment que de la propriété d'autrui. Cet homme se trouve placé sous la dépendance de celui qui possède, il est à sa merci, il est à sa discrétion ; l'homme qui ne possède pas est l'esclave de celui qui possède car une nécessité qui n'est pas protégée par un droit conduit à la servitude, et le travail est tout au moins une nécessité. On a dit ceci : L'homme qui ne possède pas en France doit franchir les mers ; il y a des terrains vagues en Algérie et en Amérique. Si la place est prise là où il est né, il faut qu'il se mette à coté. Mais avant d'expulser un membre de la communauté, il faut faire la liquidation de cette communauté. En France il y a des propriétés et des richesses communes auxquelles cet homme qui ne possède rien, lui, son père, ses aïeux ont contribué. S'il y a une part, il n'est pas vrai qu'on puisse dire à cet individu : « La place est prise ici, allez ailleurs ! » Si l'on veut l'envoyer ailleurs, il faut qu'on lui donne une indemnité équivalente à ce qu'il laisse en France (1). Autre question : qu'est-ce que le droit de propriété ? quelle est l'origine de la propriété ? Comment se fait-il que les hommes aient consenti à la division de la terre ? Ils ont dû donner ce consentement à la condition évidente, incontestable que chacun pourrait devenir propriétaire. Or, l'homme ne peut devenir propriétaire que par le travail. Si vous niez le droit au travail, vous niez la propriété de deux manières : d'abord en ce sens

1. Mathieu de la Drôme.

que celui qui possède posséderait sans droit puisqu'il serait devenu propriétaire par le travail qui, suivant vous, ne serait pas un droit ; ensuite vous la niez en déniant la condition à laquelle elle a été établie, à savoir que chacun pourrait devenir propriétaire par le travail. « Avec la loi écrite, les premiers droits de l'homme, ses droits naturels, ceux qui étaient exercés par les premiers peuples, les droits primitifs de l'homme sont devenus des délits : la chasse, la pêche, la pâture et quant à la cueillette, la loi en fait un vol. Donc la société force l'homme à travailler ; elle lui en fait une obligation : le droit doit être écrit à côté de l'obligation » (1).

Point de vue politique : Ce sont ces misérables questions de boire et de manger qui ont amené la plupart des guerres et qui ont troublé le monde depuis qu'il existe. Aussi longtemps que l'égalité des droits ne sera pas établie sur la terre, le monde sera agité. Par égalité, nous entendons uniquement la possibilité pour tous d'arriver aux mêmes conditions d'existence dans la mesure de leurs forces, de leurs vertus, de leurs talents : vous reconnaissez le droit au travail chez le propriétaire, il faut reconnaître le droit au travail chez le prolétaire.

Point de vue moral : Une misère, même temporaire, produit quelquefois un mal indélébile, une démoralisation irréparable. Exemple : durant les Cents jours, les ateliers étaient fermés : la nécessité poussa les ouvriers à aller tendre la main. Or quant la paix fut conclue et

1. Mathieu de la Drôme.

que l'industrie rappela ses anciens ouvriers, presque tous furent sourds à sa voix ; ceux qui s'étaient faits mendiants par nécessité, restèrent mendiants parce que la misère les avait dégradés.

Point de vue de l'intérêt économique : On craint que la reconnaissance du droit au travail n'impose de trop fortes charges à l'État. Ne dites pas qu'il faut nier les principes parce que la réalisation immédiate n'en est pas possible. On dit : quand cette dette envers les travailleurs sera écrite dans la Constitution, vous ne pourrez rien faire. — La conséquence nécessaire d'un tel langage c'est que sur ce point la société serait arrivée à sa dernière perfection. C'est nier d'une manière par trop absolue la puissance de la société et la loi inébranlable de la perfectibilité humaine (1). On dit dans le même sens : poser le principe du droit au travail, c'est poser un principe qui ne peut avoir d'autre sanction temporelle que l'insurrection ; supposez 1.500.000 ouvriers sans travail, mourant de faim et venant vous dire, votre lettre de change à la main : « Acceptez-la et payez-la ! » Que ferez-vous ? En vérité l'argument ne peut pas être juste. Ne mettez rien dans votre Constitution et supposez 1.500.000 ouvriers sans travail, mourant de faim et venant vous dire : « Faite-nous manger. Donnez-nous du travail ». Que répondrez-vous (2) ? — On dit : « En définitive, vous ne pouvez pas, après avoir posé le principe du droit au tra-

1. Billaut.
2. Crémieux.

vail, accorder à chaque citoyen une action contre l'État ».
Assurément non ; seulement, par ce principe, vous reconnaissez qu'il y a des droits supérieurs et par cela seul que
vous avez posé ces droits comme principes, la société
s'engage moralement à faire tous ses efforts. Mais la société ne s'engage que dans les limites du possible et nul
ne peut lui demander de faire que ce qui est dans les ressources du moment (1).

D'ailleurs le droit au travail ne peut rien coûter à la
Société. 1° Le travail est-il limité en France ?... Il y a
35.000.000 d'hommes, on s'accorde à reconnaître qu'il
pourrait y en avoir 70.000.000. 2° L'ouvrier produit-il
moins qu'il ne consomme ? Le capital qui donne le moindre revenu à son propriétaire, c'est le capital agricole :
or, dans toute la France, on trouve des colons partiaires
disposés à cultiver un domaine à moitié-fruit. Donc,
l'homme qui travaille produit le double de ce qui est nécessaire à son existence. Bien plus, troisième point, des
expériences faites en Angleterre ont démontré qu'il y
avait avantage à augmenter le bien-être de l'ouvrier et à
lui donner une alimentation plus substantielle. En présence de ces trois vérités incontestables qui donc peut
expliquer la misère sans faire le procès à nos lois et à nos
institutions ? Tout le mal vient de la mauvaise répartition de la population. Il faut empêcher la désertion des
campagnes et l'encombrement des villes en protégeant
l'agriculture. « Pour occuper les bras momentanément

1. Frédéric Arnaud (de l'Ariège).

désœuvrés, le ministre de l'agriculture doit faire étudier tous les cours d'eau qui sillonnent notre territoire et préparer des projets d'irrigation ; il y aura là des travanx pour cinq ans » (1).

Les arguments des adversaires du droit au travail se trouvent presque tous réunis dans le long discours de Thiers qui fit une impression profonde sur l'Assemblée. Tout de suite Thiers élevait le débat ; il s'en prenait à cette « nouvelle économie politique bien fière d'elle-même, accusant l'ancienne, la traitant avec amertume, avec mépris..... Le peuple souffre. Oui, messieurs, il faudrait être bien barbare, bien cruel pour le méconnaître... Mais qu'avez-vous trouvé pour lui ? » Partant de là, Thiers établit un parallèle entre « la vieille société, la société de tous les temps, et les différents systèmes d'organisation sociale que les novateurs rêvent d'y substituer. La vieille société repose sur trois principes : La propriété, la liberté, et la concurrence.

« Le principe de la propriété, c'est le travail ; l'homme n'est quelque chose que par le travail. La nature, la société, lui on dit : travaille ! travaille ! et tu seras assuré de conserver le fruit de ton travail. Quant elle lui a dit cela, la société lui a donné un stimulant puissant. Mais, il faut que ce stimulant soit infini et elle ajoute : « Travaille, travaille et le produit de ton travail sera pour toi et tes enfants. » Alors son ardeur est infatiguable. — La

1. Mathieu de la Drôme.

propriété est un droit,ce droit n'est pas de ceux qui pas-
sent, de ceux qui sont quelquefois admis dans une société, méconnus dans une autre. Non ; c'est un droit tellement inhérent à la nature humaine, tellement essentiel à la société, qu'il est dans tous les Etats : il est
partout parce qu'il est dans la nature humaine.

« Le second principe sur lequel la vieille société repose
c'est la liberté..... j'entends la liberté sociale, celle qui
consiste à disposer de ses facultés comme on l'entend, à
choisir sa profession. La vieille société dit à l'homme :
« Tu es libre. Travaille, travaille à tes risques et périls ;
si tu travailles avec application, avec habileté, tu seras
riche ou pauvre, ta destinée dépend de toi.

« Le troisième principe, c'est la *concurrence*, c'est-à-
dire l'émulation. — Et grâce à cette émulation qu'arrive-
t-il : c'est que la société fait tous les progrès qu'on lui a
vu faire depuis plusieurs siècles.Nous avons vu depuis cinquante ans les merveilles de cette émulation industrielle;
nous avons vu par exemple des produits qui coûtaient
cent coûter aujourd'hui vingt et trente. Savez-vous ce qui
est arrivé aux ouvriers par cette admirable loi de la concurrence ? Ils ont fait les deux bénéfices de cette concurrence.
D'abord l'ouvrier est plus payé depuis cinquante ans (1).A

1. « Voici des faits certains. Je vais prendre les diverses professions. L'ouvrier des champs, qui est placé aux portes de Paris,
avant 1789, gagnait 20 à 24 sous par jour ; en 1814, il en gagnait 30,
quelquefois plus ; savez-vous combien il gagne aujourd'hui ?
40 sous. — Le tisserand qui gagnait 30 sous, non pas aux portes
de Paris, mais à Rouen, à Lille, en gagne 40. — Le fileur qui en

côté de cela, il est consommateur autant que producteur et tandis qu'il est payé davantage, il dépense moins pour son entretien ».

En face de la vieille société ainsi constituée, Thiers place les systèmes socialistes, Communisme, Association, Banque d'échange et enfin Droit au travail : « Voici le principe sur lequel on fait reposer le droit au travail. On nous dit : la propriété est perdue, nous allons la sauver ; et voici pourquoi elle est perdue. Bien qu'elle soit nécessaire, peu à peu l'univers se trouve envahi par elle. Ainsi si on veut travailler, les capitaux se refusent. Eh bien il n'y a qu'un moyen de sauver la propriété, c'est d'assurer à ces hommes venus trop tard et qui veulent travailler, les moyens de travailler. On nous dit par exemple que dans l'état sauvage, il y a quatre droits qui ont péri dans l'état social et c'est le droit au travail qui doit en être le représentant. Eh bien ! vous avez eu quelques milliers

gagnait 40 en gagne 50 et quelquefois 4 francs. Dans la métallurgie, à Paris, les prix ont doublé, triplé quelquefois ; un tourneur, un forgeron, un ajusteur qui gagnait 3 francs gagnaient aujourd'hui 5, 6 et 7 francs. Il y a une profession dans la métallurgie, les mouleurs, qui arrivent à gagner jusqu'à 8 et 10 francs.

« Maintenant comparons les prix de la main-d'œuvre aux prix de la consommation. Les voici : quant à la nourriture, les prix sont à peu près les mêmes ; la viande a un peu augmenté... le prix du pain est le même. Les vêtements, tout ce qui est coton est de 80 0/0 meilleur marché. Les tissus qui coûtaient 35 sous coûtent aujourd'hui 7 sous. Pour les logements, les prix sont un peu augmentés. Cela tient au penchant des industries à se rapprocher des grandes villes. C'est un malheur ; mais la législation y peut quelque chose. »

d'infortunés qui, égarés par des sophismes ont versé le sang ; il faut leur faire une vie nouvelle. Dites-moi, si vous les placiez sur des vaisseaux et que vous allassiez les jeter dans ces pays où existent ces quatre droits, ne dirait-on pas que vous êtes des barbares et des gens cruels. Que voulez-vous donc ? La terre couverte de capitaux c'est-à-dire de constructions, d'instruments, de bétail, d'engrais, de semences ; mais la terre telle qu'elle était dans l'état primitif, vous n'en voulez pas. Est-il étonnant que les générations qui vous ont précédés, qui ont couvert cette terre de capitaux de tout genre, vous en demandent un intérêt. — Mais maintenant peut-on dans tous les cas assurer du travail aux hommes ? Quel est le mal auquel vous voulez remédier ? En réalité, c'est le chômage, et non pas dans les champs, mais dans les villes. Où il y a chômage, c'est dans les grands centres de population industrielle : Ne dites donc pas que vous vous occupez du peuple entier car vous ne vous occupez que d'une petite partie de ce peuple.

« Quels sont les moyens de venir au secours de cette petite partie ? Vous dites que la bienfaisance humilie. Eh bien ; non ! celui auquel au donne n'est pas humilié, et je ne pense pas que jamais on ait dit que la bienfaisance 'était un outrage... Mais je vais vous prouver que vous-mêmes vous tombez dans une contradiction frappante. Comment ! vous écrivez dans votre Constitution le droit à l'assistance ; est-ce que vous entendez outrager ceux auxquels vous accorderez l'assistance ? — Mais, de plus,

je vous défie de trouver dans le droit au travail autre
chose qu'un secours. Des ouvriers viendront demander
du travail, que fera l'Etat? Ce qu'il a fait dans les ateliers
nationaux : il leur donnera du travail de terrassement :
or dans les ateliers nationaux, quand un ouvrier qui avait
manié la navette ou le burin, qui avait les bras faibles,
qui avait besoin même de conserver la souplesse, la dé-
licatesse de sa main pour pouvoir gagner plus tard le
pain de ses enfants, avait les mains en sang et ne pouvait
rester courbé vers la terre, le conducteur des travaux, par
humanité, lui disait : « ne faites rien et on vous donnera
les 40 sous ». Mais vous proposez quelque chose de bien
plus cruel encore qu'un secours : l'expatriation. Vous
dites à un ouvrier privé pendant deux mois de travail :
expatriez vous... allez dans les marais du Cotentin, allez
en Afrique. C'est quand vous avez dit cela aux ouvriers
des ateliers nationaux qu'ils ont pris les armes et qu'ils
ont dit : « Nous ne partirons pas ».

« Il faut parler la langue ; il faut la parler sincèrement
et avec la connaissance de la valeur des mots. Ce qui est
un secours, il ne faut pas en faire un droit. Lorsque quelques ouvriers chôment accidentellement, vous voulez leur
donner un secours. Tels gagnaient 5, 6, 8 fr. par jour ; vous
ne leur donnerez pas même 40 sous si vous voulez les
leur donner longtemps. De plus, vous ne pouvez donner à
tout venant, dans tous les moments ; il faut donc que
vous vous reserviez le jugement des cas : et vous appel-
lez cela un droit quand vous restez maître de décider

des cas ! Un droit est de tout le monde ; quand ce n'est qu'un droit d'une classe, ce n'est pas un droit.

« Une dernière considération, c'est la considération financière. Il faut pourtant savoir quelle est la source à laquelle vous puiseriez pour satisfaire à ce droit nouveau si redoutable. En présence de ces classes condamnées au chômage, qu'y a-t-il ? le trésor. Est-ce le trésor du riche? Non ! quoi que vous fassiez, c'est toujours le trésor du pauvre. On vous dit : Mais quand on fera payer les impôts aux riches, tout sera changé. Eh bien essayez, combinez des impôts. Des hommes qui avaient toute votre confiance ont-ils donc trouvé si facile de faire produire la masse d'impôts par le riche. Le trésor est toujours le trésor du pauvre et cela parce que le riche 'est très peu nombreux et en définitive, .quelque combinaison qu'on emploie, c'est toujours le grand nombre qui paie (1). »

L'amendement Mathieu de la Drôme, remplacé par celui de Glais-Bizoin : « le droit à l'existence par le travail » fut finalement repoussé par 596 voix contre 187 (2).

1. Cet argument était d'ailleurs prévu par quelques partisans du droit au travail qui affirmaient l'incompatibilité de ce droit avec l'organisation sociale actuelle. Duvergier de Hauranne citait à ce sujet Vidal (*Vivre en travaillant*, 1848) : « le droit au travail, qu'on le sache ou qu'on l'ignore, implique nécessairement l'organisation du travail et l'organisation du travail implique la transformation économique de la société. Le principe est posé, les conséquences sont inévitables ».

2. Dans la séance du 2 novembre, à propos de la seconde lecture du projet de Constitution, Félix Pyat voulut faire réintégrer explicitement le droit au travail dans le huitième paragraphe du préam-

Malgré tant d'éloquence si remarquablement dépensée. malgré la loyauté et la sincérité dans leurs convictions apportées à ce procès du droit au travail, soit par ses partisans, soit par ses adversaires, le résultat laissait encore place à la critique.

Tout d'abord on a pu très justement reprocher à l'Assemblée de s'être laissée influencer par les circonstances et de n'avoir pas su garder le calme et l'indépendance d'esprit indispensables à l'équité des décisions. Les journées de juin provoquées par la dissolution des ateliers nationaux avaient violemment ému les représentants du peuple, à tel point que « pendant longtemps, il a suffi d'accueillir par les mots ateliers nationaux tous les projets de secours et d'assistance par le travail pour les couvrir de ridicule et les tuer dans l'œuf (1) ». Il est certain que bon nombre des membres de l'Assemblée qui, avant les événements de juin, eussent au moins sérieusement prêté leur attention à l'exposé des idées nouvelles, n'apportèrent plus à la séance que du parti pris et une inébranlable aversion pour tout ce qui pouvait paraître subversif.

En outre les débats ne furent point tout à fait contradictoires, et par là nous entendons qu'aucun des promoteurs d'une théorie quelconque du droit au travail n'y prit part. Victor Considérant avait « la gorge malade »,

bule. Il proposait de dire : « La République doit protéger le citoyen dans son *droit au travail* ... » — L'Assemblée repoussa cette poposition par **638** voix contre **86**.

1. Office du travail : *Documents sur la question du chômage.*

ce qui ne l'empêcha pas de faire à l'Assemblée sous ce prétexte « qu'il n'était pas possible, à la tribune, de la faire assister en quelque sorte, à la constitution d'un monde nouveau », l'étrange proposition de lui consacrer « quatre séances du soir, quatre séances libres, qui ne seront pas des séances de l'Assemblée nationale mais des réunions libres des membres de l'Assemblée nationale ».

J. Proudhon garda durant tous les débats un silence obstiné. Il l'explique ainsi dans *le droit au travail et le droit de propriété*, petit écrit qui n'est autre que le discours qu'il ne voulut pas prononcer : « Je n'ai pas pris la parole sur le droit au travail, lors de la discussion du préambule de la Constitution d'abord parce que le droit au travail tel qu'il m'est donné de le comprendre étant repoussé par tout le monde, par la gauche révolutionnaire comme par la droite conservatrice, je n'avais rien de mieux à faire que de garder le silence. En second lieu j'étais accusé par la Montagne, je le suis encore, d'avoir perdu le droit au travail en posant devant l'Assemblée cette inquiétante alternative : donnez-moi le droit au travail et je vous abandonne la propriété. Je devais donc laisser le champ aux habiles et ne point compromettre le succès de leurs plaidoieries par quelque formule sonnante et intempestive. »

Louis Blanc était en exil. Mais il ne put résister au désir de prendre à la discussion publique de ses idées telle part qu'il pouvait. Il écrivit au discours de Thiers une réponse publiée sous ce titre « Socialisme et droit au travail. » Qu'on nous permette de citer ici, en face des arguments de Thiers, quelques extraits de la réponse de Louis Blanc.

« Quel est, quel doit être le principe de la propriété ? Comme M. Thiers, je réponds, c'est le travail : Mais de là dérivent deux conséquences qu'il faut absolument que M. Thiers accepte : la première, c'est que toute propriété qui ne vient pas du travail est sans fondement, c'est-à-dire illégitime ; — la seconde c'est que tout travail qui ne conduit pas à la propriété est sans dédommagement, c'est-à-dire oppressif. Jugerons nous d'après ces règles la société actuelle ? Ce qu'elle nous offre tout d'abord, c'est l'affligeant spectacle d'une foule immense d'hommes dont chacun peut dire : « j'ai travaillé à nourrir mes semblables et je ne suis pas sûr d'avoir toujours du pain. J'ai travaillé à la confection des étoffes précieuses et voyez mes haillons. J'ai travaillé à la construction de palais, et je suis en peine de mon gîte. »

« Le deuxième principe, c'est la liberté sociale, celle qui consiste, dit Thiers, à disposer de ses facultés comme on l'entend, à choisir sa profession. — Ou je me trompe fort ou cette assertion aura été pour les hommes du peuple un grand sujet d'étonnement. Quoi ! ils sont libres d'entrer dans la carrière de la magistrature, de s'appliquer aux lettres, d'aspirer aux grasses fonctions de la finance, ces pauvres enfants qui, forcés d'ajouter au salaire paternel le fruit d'un travail horriblement précoce sont envoyés, dès l'âge de 7 ans, dans une manufacture où la flamme de

Dufour

leur intelligence s'éteint, où la santé de leur âme se perd, où toutes leurs facultés s'épuisent à servir une roue qui tourne...

« La concurrence. C'est un combat. Dans la concurrence chaque succès correspond à un désastre et à travers chaque cri de joie, l'on distingue ou l'on devine un gémissement... L'essentiel serait d'écrire l'histoire de la misère, M. Thiers n'en a fait que le roman. M. Thiers triomphe de ce qu'à Rouen ou à Lille le salaire des tisserands qui était d'après lui de 30 sols est aujourd'hui de 40. Eh bien ! qu'on ouvre *l'histoire de l'Industrie cotonnière en Alsace* par Boerts, on y verra quelles causes toujours subsistantes ont fait descendre en général le salaire des tisserands à 60 cent. pour un travail dévorant de 14 et même de 16 heures par jour... A Troyes, les tisserands étaient au nombre de 5 à 600. Ils gagnaient journellement de 75 cent. à 1 fr. 50. Il résulte des *Recherches* de Marschall que de 1814 à 1833 le prix de la main-d'œuvre dans les manufactures de coton se trouvait avoir baissé fatalement des onze douzièmes.

« M. Thiers nie résolument le droit au travail... toutefois il daigne admettre le droit à l'assistance. Eh bien, à vrai dire, nous ne croyons pas que jamais on se soit permis une contradiction plus étonnante. — Sur quoi peut reposer en effet le droit à l'assistance ? Evidemment sur ce principe que tout homme en naissant a reçu le droit de vivre. Si l'homme a droit à la vie, il faut bien qu'il ait droit au moyen de la conserver. Le moyen, quel est-il ? le travail. Admettre le droit à l'assistance et nier le droit au travail, c'est reconnaître à l'homme le droit de vivre improductivement quand on ne lui reconnaît pas celui de vivre productivement, ce qui est d'une remarquable absurdité.

« M. Thiers demande ce que ferait l'Etat si le droit au travail était proclamé et il a grande hâte de répondre : ce qu'il a fait dans les ateliers nationaux, il leur donnerait du travail de manouvrier. — Ah ! l'Etat ferait cela ? Et qui vous l'a dit, Monsieur ? Je soutiens moi, que l'Etat ne ferait rien de semblable pour peu que le gouvernement fût sage... pour peu qu'il connût et fût disposé à mettre en pratique ces mêmes doctrines que vous combattez. — Allez ! il importe peu que vous refusiez d'écrire sur un chiffon de papier ce droit au travail, le plus sacré qui fut jamais ! il restera gravé en caractères d'airain dans la conscience publique. »

Après avoir inspiré par la discussion à l'Assemblée un grand nombre de brochures de toute sorte, la politique continuant à se montrer manifestement contraire à son développement, le droit au travail retomba bientôt dans l'oubli. Bastiat prononça son oraison funèbre :

« Frères cotisez vous pour me fournir de l'ouvrage à votre prix. » C'est le droit au travail, le socialisme élémentaire ou de premier degré.

1. Bastiat, Petits Phamphets : *Ce qu'on voit et ce qu'on ne voit pas.*

« En 1848, le droit au travail se montra un moment sous deux faces, cela suffit pour le ruiner dans l'opinion publique.

« L'une de ces faces s'appelait : *Atelier national.*

« L'autre : *Quarante-cinq centimes.*

« Des millions allaient tous les jours de la rue de Rivoli aux ateliers nationaux. C'est le beau côté de la médaille.

« Mais en voici le revers. Pour que des millions sortent d'une caisse, il faut qu'ils y soient entrés. C'est pourquoi les organisateurs du droit au travail s'adressèrent aux contribuables.

« Or les paysans disaient : il faut que je paye quarante-cinq centimes. Donc je me priverai d'un vêtement, je ne marnerai pas mon champ, je ne réparerai pas ma maison.

« Et les ouvriers des campagnes disaient : Puisque notre bourgeois se prive d'un vêtement, il y aura moins de travail pour le tailleur ; puisqu'il ne marne pas son champ, il y aura moins de travail pour le terrassier ; puisqu'il ne fait pas réparer sa maison, il y aura moins de travail pour le charpentier et le maçon.

« Il fut alors prouvé qu'on ne tire pas d'un sac deux moutures et que le travail soldé par le gouvernement se fait aux dépens du travail payé par le contribuable. Ce fut là mort du droit au travail qui apparut comme une chimère autant que comme une injustice. »

La discussion du droit au travail eut son écho hors de

France. Les peuples qui avaient ressenti la commotion de la révolution française suivirent avec grand intérêt les débats.

« En Angleterre surtout, écrit Louis Blanc (1), le décret du 26 février fournit matière à une foule d'attaques passionnées. » Ces attaques reproduisaient à peu près les arguments portés devant l'Assemblée. Il faut cependant, en passant, citer l'opinion de J. Stuart Mill qui prit contre les détracteurs anglais la défense de notre révolution de 1848 (2).

« Il est étrange, dit-il, que cet acte du gouvernement provisoire ait rencontré ses censeurs les plus amers dans des journalistes qui ne tarissent pas sur l'excellence de la *loi des pauvres* d'Elisabeth ; car le droit au travail, c'est la loi des pauvres d'Elisabeth (3), et rien de plus : secours assuré à qui ne peut travailler, travail garanti à qui le peut... Non seulement le gouvernement provisoire n'a offert rien de plus que l'act d'Elisabeth, mais il l'a offert d'une manière et dans des conditions de beaucoup préférables. Dans le système anglais de la paroisse, la loi confère à chaque pauvre le droit de demander pour lui-même individuellement ou du travail ou de l'assistance sans

1. Louis Blanc, *Histoire de la Révolution de* 1848.

2. J. Stuart Mill, *Défense de la Révolution de* 1848 *en réponse à Lord Brougham et autres.*

3. « Droit au travail, droit à l'assistance, droit à la propriété d'autrui sont au fond synonymes. Les anglais l'ont bien compris. Une fois le principe posé dans la loi des pauvres, ils en ont accepté toutes les conséquences pratiques, jusqu'à ce que l'expérience leur

travail. Le gouvernement provisoire n'entendit pas faire l'aumône aux individus ; son action ne devait s'exercer que sur le marché général du travail. Son plan était de créer là où il était manifeste que le travail manquait, la quantité d'emplois productifs au moyens de fonds avancés par l'Etat. Mais la question n'était nullement de chercher du travail à A ou à B. Le gouvernement n'affranchissait personne de la nécessité de pourvoir à sa subsistance par ses propres efforts.

« Le droit au travail soulève cependant la plus fondamentale des objections, celle qui se rapporte au principe de la population... Le gouvernement provisoire ne prit pas garde — et combien parmi ses censeurs y en a-t-il qui aient pris garde ? — que si tout membre de la grande famille humaine a droit à une place au banquet que les efforts collectifs de son espèce ont préparé, il n'en résulte pas pour chacun le droit d'inviter à ce banquet, sans le consentement de ses frères, des convives surnuméraires.

ait ouvert les yeux et les ait engagés à rebrousser chemin : ce qu'ils ont déjà tenté par la réforme de 1834 et ce qu'ils ont beaucoup de peine à réaliser. Dans la séance des Communes du 15 décembre 1830, un député, M. Watmann signalait cinquante familles de la Cité qui avaient été obligées de vendre leur mobilier pour acquitter la taxe des pauvres.

« La taxe des pauvres a produit pour résultats généraux : la multiplication des pauvres, l'imprévoyance des populations, leur démoralisation et finalement la baisse des salaires, le pauvre faisant entrer en ligne de compte le revenu assuré qu'il touche du bureau de charité. » Joseph Garnier, *Le droit au travail à l'Assemblée nationale*).

Il y a certainement assez et plus qu'il ne faut pour tous ceux qui sont nés ; mais il n'y a pas et il ne saurait y avoir assez pour tous ceux qui peuvent naître.

« Le fait est que le gouvernement provisoire avait raison et que ceux-là aussi ont raison qui le condamnent. Il y a une moitié de la vérité d'un côté et une moitié du côté opposé. Les deux moitiés se rejoindront un jour peut-être : le résultat pratique de la vérité entière serait-il que toutes les personnes vivantes se garantissent les unes aux autres par l'intermédiaire de leur représentant commun, l'État, la possibilité de vivre en travaillant sauf à abdiquer le droit de propager l'espèce sans limites et à leur gré ? Mais avant qu'une pareille solution du problème ait cessé de paraître visionnaire, il faut qu'une révolution presque complète s'accomplisse dans les idées et les sentiments du genre humain. »

En Allemagne, le droit au travail eut, comme en France, l'honneur d'une discussion politique.

En mars 1848, sous l'influence des idées françaises, une pétition avait demandé au roi de Prusse la création d'un *ministère du travail* composé d'entrepreneurs et d'ouvriers.

Lors de la discussion du second projet des droits fondamentaux, à propos du paragraphe 30 sur l'inviolabilité de la propriété, un congrès d'artisans et de sociétés ouvrières, tenu à Berlin, envoya à l'Assemblée une nouvelle pétition demandant entre autre que l'Etat garantisse à tout individu voulant travailler, un travail proportionné à ses forces et un salaire proportionné aux besoins humains.

Le rapporteur, un fabricant d'Eilenbùrg, nommé Degenkolb, s'inspirant des arguments produits dans la discussion du droit au travail en France, déclara que l'Etat ne pouvait donner une telle garantie, que ce serait enlever au travail son essor, anéantir l'intelligence, l'initiative, et placer le travailleur sous tutelle.

Plusieurs amendements furent proposés par le parti démocratique en faveur d'une telle garantie. En particulier, Simon de Trier proposa celui-ci : « L'assistance pour les pauvres infirmes est un devoir des communes, de l'Etat. La commune, l'Etat doit fournir du travail à celui qui en est involontairement privé ». En défendant cet amendement, Simon de Trier opposait au principe de la libre concurrence, le droit de la nécessité : « Celui qui est valide et veut travailler, disait-il, a droit à ne pas mourir de faim et si vous ne lui reconnaissez pas ce droit, je dis qu'il a droit à la révolution. »

Cet amendement, n'ayant du reste aucune chance de passer, repris timidement sous forme d'un droit à l'assistance, fut finalement repoussé.

De même qu'en France, en allemagne après cet insuccès, l'idée du droit au travail s'éclipse.

La première et la principale cause de cette disparition se trouve dans des changements d'ordre politique. En France avec l'Empire, le suffrage universel et les discussions parlementaires deviennent de vains mots et la liberté de la presse est supprimée. D'autre part, après avoir dû céder au mouvement révolutionnaire, le roi de Prusse ressaisit son autorité et revient sur les concessions faites, imposant silence aux idées nouvelles.

Il faut voir une autre cause importante aussi dans l'apparition du collectivisme qui remplace dans les esprits novateurs les théories surannées de 1848. Or il est bien certain que dans les conceptions collectivistes, le droit au travail n'est pas ce qui préoccupe, puisqu'il est convenu que le travail, équitablement réparti, sera mis à la disposition de tous ; le droit au travail est implicitement compris dans le collectivisme ; la difficulté serait plutôt en sens contraire : l'obligation au travail.

IV

Epoque actuelle : Le droit au travail en Allemagne et en Suisse.

En France, à l'heure actuelle, l'idée du droit au travail reparaît de loin en loin. Mais on ne la retrouve plus guère que dans les petites brochures que font naître les congrès socialistes, critiques uniformes de la société, diatribes violentes, désordonnées, avec lesquelles la science ne peut avoir aucun rapport. Le droit au travail a pour leurs auteurs, ce séduisant avantage qu'il paraît immédiatement réalisable, tandis que le collectivisme n'est qu'une espérance à très longue échéance. Nous n'insisterions pas si de l'ensemble de tous ces petits écrits ne se dégageait une idée générale communément acceptée. C'est que la réalisation du droit au travail amènerait une diminution des heures de travail ou réciproquement. Il est très simple en effet de penser que le travail étant limité par les besoins de la consommation, l'Etat obligé d'en fournir à ceux qui n'en ont pas devra en prendre à ceux qui en ont, d'où, pour ceux-ci, réduction de la durée du travail. A propos de la journée de huit heures, une petite

brochure intitulée *Droit au travail*, s'exprime ainsi : « Pas
de devoirs sans droits, pas de droits sans devoirs. Chacun
doit travailler, ce devoir entraîne donc le droit au travail.
Mais le travail étant forcément limité aux besoins de la
consommation, il importe qu'il soit réparti d'une façon
plus équitable... Nous pouvons affirmer hardiment que
le chiffre de huit heures est encore au-dessus de la moyenne.
Si l'on s'avisait de supprimer les sinécures et les emplois
inutiles, cette moyenne descendrait encore de près de
deux heures. Le calcul est assez facile : que l'on divise
le nombre d'heures nécessaires à la production utile par
le nombre des travailleurs (1) ». C'est là l'expression la
plus simple de l'opinion courante du parti ouvrier. Mais
au point de vue scientifique, la théorie du droit au travail
n'a plus de représentant en France, aujourd'hui.

En Allemagne, une circonstance particulière vint
remettre le droit au travail en évidence. En 1884, dans la
séance du Reichstag du 9 mai, le prince de Bismark discutant la loi sur les socialistes, préconisait comme pré-
ventif aux dangers de leurs doctrines, un plus grand développement de l'assistance par l'Etat, une plus large intervention du gouvernement dans les misères sociales. Il
fut amené à dire ceci : « Je me résume en ces mots : Don-
nez au travailleur le *droit au travail*, procurez-lui du travail tant qu'il est valide, assurez-lui des soins tant qu'il
est malade et si vous le faites au prix de sacrifices et sans

1. A. Marpaux. Parti ouvrier dijonnais : *Le droit au travail, étude
sur la journée de huit heures*.

crier au socialisme d'Etat, si vous prenez soin des gens
âgés, si l'Etat fait un peu de socialisme compris dans ce
sens de sollicitude chrétienne pour les travailleurs, je crois
que les appels des anarchistes deviendront inutiles et
qu'ils feront moins de recrues, dès surtout qu'on verra
que vous, corps législatif, vous mettez sérieusement à
l'œuvre ».

Ces paroles donnèrent lieu à de nombreux commen-
taires. Elles furent le point de départ d'études nouvelles
sur le droit au travail.

La caractéristique de cette école allemande, le désir
commun des penseurs qui se livrent à ces nouvelles recherches, c'est d'arriver à une réalisation pratique du droit
au travail.

En 1884, Stœpel (2), dans sa *Réforme sociale*, demande
à l'Etat, pour remédier au paupérisme de décréter des
travaux d'utilité publique. Tant que dans l'industrie privée, la demande est assez grande pour que chaque homme
valide trouve facilement de l'occupation, les travaux publics doivent être restreints. On ne doit leur donner de
l'extension qu'en temps de crise industrielle. La culture
du sol principalement offre un vaste champ de travail. Il
n'y a qu'à améliorer et augmenter la production agricole
par de sages travaux. Les dépenses pourraient être cou-
vertes par des assignats que l'Etat rembourserait dans un

1. Bismark, *Discours sur le socialisme*. Séance du 9 mai 1884 au
Reichstag.
2. Stœpel. *Reform Sociale, III. Das Recht auf Arbeit*, 1884.

espace de temps donné, sans payer d'intérêt, ce qui obvierait au manque d'argent. »

M. Wiede (1), qui semble bien s'inspirer quelque peu de Louis Blanc, veut faire de l'Etat « un entrepreneur industriel qui occuperait les ouvriers sans travail, entrerait en concurrence avec les entrepreneurs privés et fixerait un taux minimum de salaires ». M. Wiede pense que ce système ne nuirait pas aux entrepreneurs privés et qu'en tous cas on pourrait toujours les dédommager par des systèmes douaniers protectionnistes. L'Etat pourrait avec ses ressources actuelles fournir le crédit nécessaire.

Plus récemment, M. Cornélius Löwe (2) : « Le droit au travail ne peut être réalisé qu'au moyen d'un système de *production par l'Etat* qui emploirait toutes les forces productives superflues et s'étendrait sur tous les moyens d'existence pour le strict nécessaire et au début sur ceux-là seulement.

« L'extension de la production devrait se restreindre aux besoins de l'ensemble des forces productives et au début ne pas s'étendre au delà.

« Les richesses produites seraient réservées aux travailleurs employés à l'exclusion de tous autres consommateurs au début.

« Ne pourraient faire partie de ce système de produc-

1. D\u1e5b F. Wiede, *Ueber das Recht auf Arbeit und seine gesellschaftlichen Verhältnisse im allgemeinen.* Berlin, 1885.

2. Cornélius C. Löwe, *Das Recht auf Arbeit und seine Verwirklichung,* Leipzig, 1891.

tion par l'Etat que ceux à qui la loi ainsi proposée aurait accordé un *droit au travail*, qui devrait prendre alors la dénomination de *droit au travail dans une organisation étatique de la production.* »

Ce regain d'actualité rendit au droit au travail la place perdue dans le programme des revendications socialistes en Allemagne. Dans un ouvrage sur le socialisme M. A. Menger a défini nettement cette place. « De même que les fins dernières du mouvement politique des siècles passés se sont formulées en quelques droits fondamentaux, de même M. Menger résume les fins où tend le socialisme en trois droits fondamentaux de nature économique, savoir : 1° le droit à l'existence ; 2° le droit au travail ; 3° le droit au produit total du travail, que nous avons plus brièvement nommé droit au produit.

« Le droit à l'existence est le droit de chacun aux objets nécessaires à son existence et qui doit s'exercer par privilège avant que d'autres puissent s'en emparer pour satisfaire à des besoins moins urgents. Ce droit de M. Menger serait établi directement contre l'Etat et la communauté et remplacerait le droit de propriété, pour ainsi dire par une hypothèque sur le revenu de la nation. Ce droit devrait appartenir à tout individu, mais, pour ceux qui en seraient capables, seulement sous la condition d'un travail effectué.

« Le droit au travail assurerait subsidiairement du travail à tout individu. Viendrait-il à en manquer du fait des entreprises privées, il aurait à le faire valoir contre l'État qui ne viendrait ici qu'en second lieu. Il est clair que le droit au travail n'est qu'une modification du droit à l'existence, car assurer du travail est une autre façon d'assurer l'existence. D'autre part la réalisation de ce droit tiendrait le milieu entre la distribution actuelle des richesses et celle qui serait basée sur le droit au produit total du travail.

« Le droit au produit total du travail conteste au capitaliste le droit à une part quelconque du produit. C'est donc proprement un droit au produit entier pour le travailleur (1). »

L'influence de ces études allemandes sur le droit au travail se fit sentir en Suisse. Une pétition émanée du parti radical démocratique demanda l'inscription du droit au travail dans la Constitution fédérale. Elle parvint à Berne en août 1893, portant près de 52.000 signatures. Invoquant le droit d'initiative populaire, elle appelait le peuple suisse à se prononcer par la voie du référendum sur la question suivante.

« Voulez-vous introduire dans la Constitution fédérale l'article suivant : « Le droit à un travail suffisamment rétribué est accordé à chaque citoyen suisse. La législation fédérale, celle des cantons et des communes doivent rendre ce droit effectif par tous les moyens possibles ».

1. Extrait d'un article de la *Revue d'Economie politique*, année 1888, par le Dr Schwiedland de Vienne, à propos du livre de M. A. Menger: *Das Recht auf den vollen Arbeitsertrag in geschischtlicher Darstellung.* Stuttgart, 1886.

« En particulier, il y a lieu de prendre les mesures sui-
vantes : *a*) de réduire les heures de travail dans le plus
grand nombre possible de branches d'industrie, dans le
but de rendre le travail plus abondant ; *b*) d'organiser
des institutions, telles que bourses du travail, destinées
à procurer gratuitement du travail à ceux qui en auront
besoin et qu'on placerait directement dans les mains des
ouvriers ; *c*) de protéger légalement les ouvriers contre
les renvois injustifiés ; *d*) d'assurer d'une façon suffisante
les travailleurs contre les suites du manque de travail, soit
au moyen d'une assurance publique, soit en assurant les
ouvriers à des institutions privées à l'aide des ressources publiques ; *e*) de protéger efficacement le droit d'association en faisant en sorte que la formation d'associations ayant pour but de défendre les intérêts des ouvriers
contre les patrons ne soit jamais empêchée, non plus que
l'entrée dans ces associations ; *f*) d'établir une juridic-
tion officielle des ouvriers vis-à-vis de leurs patrons et
d'organiser d'une manière démocratique le travail dans
les fabriques et ateliers, notamment dans ceux de l'État
et des communes. »

Cette proposition fut suivie d'une polémique de presse
assez vive qui trouva un écho dans les journaux avancés
allemands. Particulièrement, le député socialiste Liebknecht écrivit à ce sujet dans le *Vorwärtz* un article qui
fit grand bruit en Suisse. Liebknecht reconnaissait que le
droit au travail était irréalisable dans l'état social actuel,

mais il félicitait néanmoins la Suisse de servir de champ
d'expérience aux idées socialistes.

Le 13 mars 1894, la commission du Conseil national
chargée de l'étude de cette proposition de droit au travail décida à l'unanimité de proposer le rejet de l'initiative sans opposer de contre-projet.

La proposition fut discutée au Conseil national dans
les séances des 9, 10, et 11 avril 1894 auxquelles il
fallut ajouter une séance de relevée. Les arguments in-
voqués par les deux rapporteurs, allemand et français,
offrent peu d'intérêt : tous deux s'inspirèrent principalement des souvenirs des discussions de 1848, soit en
Allemagne, soit en France.

L'auteur principal de la proposition, le Dr Joos, s'ef-
fraye de l'augmentation du nombre des travailleurs. Il
voit un moyen de réaliser le droit au travail, plus prompt
et plus sûr que les différentes mesures exposées dans le
projet, dans l'émigration organisée et réglementée. Il y a
dans le monde tant de terres incultes où pourraient trouver à s'employer les bras inoccupés !

Le Dr Joos est d'ailleurs peu soutenu par ses amis politiques. L'un deux même, M. Favon, admet parfaitement
que le droit au travail est une formule inacceptable :
« Il ne faut y voir, dit-il, que l'expression des besoins
des déshérités. »

M. Lachenal répond au Dr Joos. Ce n'est pas selon lui
l'excès de la population qui est cause du chômage, puisque l'émigration compense l'immigration : « D'aillleurs

Dufour7

à entendre M. Joos, il semblerait que tout le monde soit apte à coloniser, ce qui est une grave erreur. L'opportunité des encouragements à l'émigration est plus que douteuse quand la crise industrielle et financière sévit en Amérique, où 100.000 ouvriers sont sans ouvrage ».

La proposition Joos obtint deux voix contre 108 qui approuvèrent l'avis de la commission.

Le 3 juin, le suffrage du peuple suisse ratifia cette décision par 292.000 voix contre 72.500.

La discution devant l'assemblée fédérale en 1894 fut la dernière manifestation publique de la théorie du droit au travail.

L'histoire s'arrête là.

V

Conclusion

Cependant, quand arrivé au but, on considère le chemin parcouru, quand on examine et qu'on rapproche l'une de l'autre ses différentes étapes : les origines, la discussion de 1848, les études allemandes, le référendum suisse, l'esprit n'est point satisfait, un doute subsiste. Qu'est-ce donc, en définitive que le *droit au travail*? qu'est-ce que cette conception à laquelle on attribue dans la première moitié de ce siècle l'honneur de tant de *journées* sanglantes depuis l'insurrection de Lyon jusqu'aux émeutes de juin 1848 et qui ensuite arma les uns contre les autres, plus pacifiquement mais avec non moins de passion, les partis politiques opposés.

A notre avis, l'histoire du droit au travail est l'histoire de lamentables confusions. Confusion, l'affirmation de Victor Considérant qui voit dans Turgot proclamant le droit de travailler un précurseur de Fourier proclamant le droit au travail ; confusion, cette définition de Ledru-Rollin empruntée à Robespierre : « La République doit la subsistance aux citoyens malheureux en leur procurant du travail » ; confusion aussi, l'assimilation par Arnaud de l'Ariège du devoir de l'Etat au droit des citoyens ; confusion enfin, la phrase citée du discours de Bismark, phrase qu'il faut rapprocher de cette autre : « Il est du *devoir* d'un État de procurer en temps de crise du travail à l'ouvrier » — et le projet du Dr Joos déportant, pour leur donner du travail, les indigents dans des colonies lointaines.

Certes, l'orateur qui en 1848, au lieu d'une longue harangue eût simplement exposé devant l'Assemblée une définition nette et précise du droit au travail, eût peut-être épargné à ses collègues des frais d'éloquence superflus. Qui sait si on ne fût pas arrivé à s'entendre ? Il suffit de se souvenir que nous avons pu, un peu vaguement sans doute, classer en deux catégories, suivant qu'ils en étaient partisans ou adversaires, les différentes manières dont les membres de l'Assemblée envisageaient le droit au travail.

Thiers eut l'intuition de la vérité. Mais le seul homme qui pouvait apporter à la tribune une définition exacte crut préférable de garder le silence. J. Proudhon, dans *Le droit au travail et le droit de propriété* s'exprime ainsi :

« Le droit au travail est le droit qu'a chaque citoyen, de quelque métier ou profession qu'il soit, d'être toujours occupé dans son industrie, moyennant un salaire fixé, non pas arbitrairement et au hasard, mais d'après le cours actuel et normal des salaires. »

D'une façon plus générale : *Le droit au travail est le pouvoir donné à tout invidu d'exiger de l'Etat un emploi utile de son activité économique, conforme à ses goûts et aptitudes, en rapport avec le développement de ses facultés physiques et intellectuelles, et rétribué suivant le cours ordinaire des salaires.*

Cette définition est la seule qui caractérise nettement le droit au travail.

D'abord elle est d'accord avec l'origine historique. C'était bien là l'idée de Fourier. Dans le passage de la *Théorie de l'Unité universelle* d'où Victor Considéranl a tiré le principe du droit au travail, on relève cette proposition : «.... nous garantir au moins le droit *au genre de travail* auquel nous avons été élevés. » — En outre, la reconnaissance du droit au travail a été proposée, nous l'avons montré, non pas pour remédier à des cas de misère fortuits et isolés, mais bien pour faire disparaître la misère générale résultant pour les travailleurs du chômage consécutif aux crises industrielles : il est dès lors bien évident qu'un des points importants pour ces travailleurs est la mise en valeur de leur éducation, de leur habileté professionnelle.

En second lieu, cette définition satisfait la notion de justice. Le nouveau droit est donné à tout individu et non pas seulement aux représentants d'une classe de la société. A un autre point de vue, c'est, à notre avis, une grande erreur que de reconnaître à un individu le droit au travail et de lui donner un emploi pour lequel il n'est point fait. Citons l'exemple d'un ouvrier horloger ou bijoutier qu'on emploierait temporairement à un travail de terrassement. D'une part, la grossièreté de l'ouvrage nuirait à la dextérité et à la légèreté de main nécessaire à l'exercice de son métier habituel, préjudice important pour cet ouvrier ; d'autre part, il n'est point douteux que l'Etat ferait tort à cet homme de la différence entre le salaire que celui-ci gagne ordinairement et le salaire moindre qu'il va gagner. Et voici pourquoi :

L'inhabileté, le manque d'habitude, le défaut de développement de ses forces physiques vont faire de cet homme, dans les premiers temps tout au moins, un ouvrier très inférieur, fournissant une quantité de travail bien au-dessous de la moyenne. Cela saute aux yeux quand, renversant l'hypothèse ci-dessus, on suppose un travail de bijouterie donné par l'Etat à des ouvriers de toutes catégories : ce qui frappe ici se retrouve à des degrés divers dans tous les cas (1). Or, dans les chantiers privés, de deux choses l'une : ou l'on se débarrasse de l'ouvrier donnant une production au-dessous de la moyenne, ou bien on le paye moins cher. L'Etat ne pouvant congédier devra moins payer : car il est inadmissible que dans la société actuelle où la répartition est basée sur le principe d'équivalence en utilité, en bonne justice une production moindre soit rétribuée autant qu'une production plus forte ; un tel changement aurait des conséquences si connues — destruction du ressort de l'activité économique, anéantinement de tout progrès, etc. — qu'elles sont presque deve-

1. A propos des ateliers nationaux de 1848, Emile Thomas a écrit : « Il était impossible de rémunérer le travail à la tâche. Cela n'eut pas été juste, car le terrassier ignorant et grossier eut gagné 3 francs par jour près de l'ouvrier artiste, fondeur, graveur, mécanicien qui tout au plus aurait reçu le tiers de cette somme ».

nues des lieux communs. Mais alors cet homme n'est-il pas fondé à dire à l'Etat : « Nous sommes tous venus à vous avec des droits égaux. Pourquoi nous donner tel genre de travail où d'autres que nous peuvent seuls gagner le salaire ordinaire ? Proposez donc le genre de travail auquel nous avons été accoutumés afin que ce soit nous qui puissions gagner ce salaire ».

Tout ceci s'appuie, en pratique, sur une considération de haute importance. L'ouvrier est naturellement imprévoyant. Le train de vie de sa famille absorbe la totalité du salaire et se règle sur elle. Il en résulte qu'un amoindrissement de ce salaire entraîne immédiatement la gêne : nous avons vu que le droit au travail avait été, à cause de cette considération même, proposé aussi contre la variation des salaires. Croit-on que l'ouvrier aura le bénéfice intégral de son droit quand, malgré le travail fourni par l'Etat, il se trouvera dans la gêne ?... Droit peu satisfaisant d'ailleurs ce droit dont l'Etat peut réduire à son gré la portée en choisissant tel ou tel genre de travail !

En troisième lieu, notre définition a cet avantage qu'elle différencie le droit au travail des autres droits ou devoirs avec lesquels on l'a confondu si souvent. Rejetons tout de suite la formule qui tend à présenter le droit au travail comme un droit qui ne serait pas *absolu*. Un droit est absolu ou n'est pas, et si par là, on entend que l'Etat aurait la faculté d'accorder ou de refuser du travail suivant ses ressources, il ne s'agit plus d'un droit : l'expression est vicieuse.

Dans le même sens, on a souvent traité de subtilité juridique la différence faite entre le droit de l'individu et le devoir de l'Etat. Il est étrange qu'on se refuse à reconnaître dans le droit public une distinction qui est courante dans le droit privé. Par exemple, quand un père de famille ayant constitué une dot à un de ses enfants marié voit sa fortune s'amoindrir par suite de mauvaises affaires, qui donc s'étonne que le droit de l'enfant doté conserve sa force et sa plénitude tandis que les autres enfants envers qui le père n'est tenu que par un devoir, suivent sa condition et ne peuvent plus lui demander qu'un revenu moindre ? Cette distinction est parfaitement admise par l'opinion et tire sa force d'un usage constant.

C'est encore l'absence de définition et l'emploi d'expressions impropres qui ont conduit nos auteurs à parler sans cesse du droit à l'assistance par le travail en croyant parler du droit au travail. La différence principale, c'est que l'Etat reste alors libre de choisir le genre de travail qu'il lui convient de donner à faire à l'assisté, soit qu'il paye le salaire ordinaire, soit qu'il puisse en abaisser le taux à son gré. D'un autre côté, notre définition parle d'un emploi utile : effectivement, si le travail donné est inutile (tel était le cas ordinaire du travail dans les ateliers nationaux en 1848), il n'est plus qu'un moyen d'assistance. Il arrive parfois qu'un industriel pitoyable hésite à repousser par un refus les sollicitations de quelque misérable indigent, chargé de famille ou dans tout autre situation intéressante, qui vient lui offrir ses bras et sa bonne

volonté. Il découvre pour lui quelque occupation quasi-
inutile, un de ces travaux insignifiants qu'on ne songerait
jamais à faire sans de pareilles occasions. Qui donc appel-
lerait sérieusement ceci donner du travail ; on s'accorde à
ne voir là qu'un acte charitable, une assistance, un secours,
et il ne serait pas non plus possible de qualifier autrement tout travail donné par l'Etat dans des conditions
semblables.

Partant de là, un peu de réflexion fait rentrer dans
l'assistance par le travail tous les projets de réalisation
du droit au travail que nous avons rencontrés. Et ceci s'ap-
plique principalement au projet de Mathieu de la Drôme,
si souvent repris : le droit au travail par le développement
des travaux publics. D'une part, si ces travaux sont utiles,
l'Etat est un entrepreneur qui emploie des ouvriers et il
n'y a nullement besoin de s'occuper si ceux-ci ont droit
ou non à être employés par l'Etat. D'autre part, si les travaux sont inutiles, il n'y faut plus voir qu'une assistance
donnée par l'Etat sous forme de travail.

Nous n'avons pas à nous occuper ici du droit à l'assistance par le travail. Un mot seulement : Pour comprendre
quels obstacles on rencontrerait le jour ou les assistés
pourraient invoquer un tel droit, il suffit d'entendre les
plaintes des philanthropes placés à la tête des sociétés
de ce mode d'assistance, leurs clients ne se présentant
cependant à eux qu'au nom de la charité.

« C'est le danger du droit au travail, dit M. Henri
Brocher, qu'il est une assistance dissimulée beaucoup

plus dangereuse qu'une autre. Il est nécessaire que l'assisté soit dans une position moins bonne que celui qui se suffit à lui-même, afin de le stimuler à se tirer de sa position anormale.

« Le droit au travail n'aurait pas les avantages moralisateurs qu'on lui prête. Au lieu de relever comme le travail, il démoraliserait comme l'assistance dont il ne serait qu'une forme. Ses partisans le sentent si bien, sans en vouloir convenir, qu'ils déclarent que ce droit n'appartient qu'aux indigents, à l'exclusion de ceux qui possèdent et de ceux qui peuvent se procurer du travail par eux-mêmes (1). »

Mais les partisans du droit au travail ne s'arrêtent pas longtemps d'ordinaire à discuter les inconvénients de sa réalisation pratique. Ils répondent simplement qu'il y a là un droit qui doit être reconnu. Et ceci soulève la question du droit naturel. Le droit au travail est-il un droit naturel ?

Il faudrait d'abord s'entendre sur le sens de cette expression, droit naturel.

Certains appellent ainsi un droit qui appartiendrait à l'homme considéré en dehors de l'état social un droit conforme aux exigences de la nature des choses. C'est en se plaçant à ce point de vue que beaucoup de nos auteurs, M. Haun entre autres, s'attachent à prouver que le tra-

---

1. Extrait d'un article de M. H, Brocher, *Le droit au travail,* dans la *Revue générale du droit, de la législation et de la jurisprudence en France et à l'étranger*, (n° de juillet-août 1895).

vail est une nécessité antérieure et supérieure à toute institution. D'accord, cela prouve que peut-être le droit de travailler est un droit naturel, mais ce n'est d'aucune importance pour le droit au travail.

Il faut aussi placer ici une théorie bien connue. Elle consiste à présenter la société primitive comme un groupe d'hommes venant s'installer sur un territoire donné et le partageant entre ses membres, partage qui n'a pu s'effectuer qu'à cette condition qu'aucun des copartageants ne serait lésé : tous ayant des droits égaux, chacun aurait une part égale. Le jour où la société s'est ainsi constituée, le jour où elle s'est déterminée au partage des biens, n'a-t-elle pas pris par cela même l'engagement de nourrir tous ses membres ? C'est la théorie de V. Considérant voyant dans la reconnaissance du droit au travail la réparation d'une spoliation commise (1). Cette théorie séduisante, dérivée du fameux contrat social de Rousseau, ne saurait être admise. Le moyen de croire que la société s'est ainsi formée brusquement, et surtout que dans des temps ou il n'y avait au-dessus des volontés particulières d'autre loi que la force individuelle, des individus physiquement inégaux aient pu revendiquer des droits égaux ? D'ailleurs, une telle théorie repose sur un principe faux. Depuis longtemps la sociologie a rejeté l'hypothèse d'un

1. Remarquons, à propos de la théorie de V Considérant, qu'on a fait justement observer que le droit au travail pourrait fort bien ne pas satisfaire l'individu spolié de l'usufruit de la terre. Si tant est qu'il y ait eu spoliation, ce qu'il faut rendre, ce n'est pas l'équivalent, mais bien la propriété elle-même.

contrat social. « La société préexiste ; il a suffi que deux hommes se rencontrassent pour que la solidarité humaine fut créée. » Et M. Bluntschli (1) écrit : « L'histoire qui a vu naître tant d'Etats ne connaît aucun exemple d'Etat contracté par les individus... Partout l'histoire nous montre que l'individu, avant même qu'il puisse exprimer une volonté propre, naît membre de l'Etat, est élevé comme tel et reçoit par sa conception, sa naissance, son éducation, l'empreinte déterminée de la nation et du pays auquel il appartient. »

Une autre théorie s'exprime ainsi : Dans la société actuelle, pour se procurer les aliments, un abri, le nécessaire pour vivre, l'indigent n'a qu'une ressource : son travail, le travail et le vol étant les deux seuls moyens d'acquisition. Le droit au travail serait donc l'équivalent du droit de guerre qui dans les temps primitifs permettait à l'homme de prendre par force de quoi satisfaire ses besoins·

M. Henri Brocher s'attaque à cette opinion et la réfute ainsi : « Dans une société bien organisée, il y a pour ceux qui n'ont aucune part à la terre, une foule de manières très honorables de gagner leur vie. Seulement il faut pour cela une certaine éducation : c'est donc le droit à l'éducation qui doit remplacer le droit de guerre (2). » Et M. Brocher démontre ensuite que ce droit à l'éducation ne doit pas être donné à l'individu contre l'Etat, mais contre la famille. Tout en nous inclinant devant l'autorité de M. H. Brocher

1. M. Bluntschli. *Théorie générale de l'Etat.*
2. H. Brocher, *op. cit.*

nous ne saurions nous ranger à son avis. Le droit à l'instruction n'est pas un succédané du droit de guerre, car celui-ci existe toujours, l'intelligence s'étant simplement substituée peu à peu à la force physique. Qu'est-ce donc que la lutte pour la vie ? qu'est-ce donc que le principe de la concurrence que l'homme trouve en face de lui dans n'importe quelle carrière ? On ne pourrait considérer le droit à l'instruction que comme remplaçant un droit à l'éducation physique dont on trouverait un vestige dans l'ancienne législation de Sparte.

Ce serait d'ailleurs un droit bien illusoire. Des lois ont organisé l'instruction obligatoire ; aucun encouragement n'a manqué pour l'élévation spirituelle du peuple ; on s'efforce de plus en plus de mettre aux mains de l'individu une arme plus appropriée aux conditions nouvelles de la lutte pour l'existence. Mais au haut de l'échelle sociale s'est retrouvée la difficulté qu'on croyait avoir vaincue au bas. Le nombre augmente sans cesse de ceux qui veulent vivre matériellement d'un emploi matériellement improductif et le polétariat intellectuel tend à écrire dans l'histoire de la misère une page aussi lamentable que celle qu'y écrivit au début de ce siècle, le polétariat industriel.

Quant à fonder le droit au travail sur un prétendu droit de guerre, il semble plaisant de fonder un droit qu'on présente comme un idéal de justice sur un principe qui est précisément l'idéal de l'injustice.

Mais voilà bien des arguties ! Qu'on cesse donc de rechercher la base du droit au travail dans les droits de l'homme primitif qui devait fort peu s'en soucier. Il est probable qu'il était loin de songer à les invoquer quand, au moment où il venait d'exercer son droit de chasse ou de cueillette, un de ses semblables plus fort que lui s'en appropriait le produit. De telles théories ont en outre le tort de présenter le milieu où vivait l'homme primitif comme une sorte de paradis terrestre. Il est incontestable cependant que l'homme en lutte perpétuelle avec la nature devait être soumis à une rude épreuve à laquelle beaucoup succombaient en dépit de leur droit à l'existence, comme le prouve la lenteur du développement de la race humaine à ses débuts. Il faut laisser à la poésie antique le rêve de l'âge d'or : tout raisonnement s'appuyant sur de tels principes mériterait pour réponse, en logique stricte, la théorie de Malthus.

Quand on considère la conception du droit au travail en face des difficultés rencontrées par l'humanité dans son développement, en face des progrès réalisés par la civilisation augmentant sans cesse le bien-être, reculant peu à peu la limite de la mortalité, cette conception apparaît plutôt comme la préoccupation d'arriver tout de suite au but ; elle semble en quelque sorte une parole magique qui aurait la vertu d'arracher l'humanité à la lenteur de son évolution pour la porter brusquement au degré suprême de la perfection espérée.

Ceci est une autre manière de comprendre le droit naturel : c'est le droit désirable. Mais elle entraîne immé-

diatement une question : ce droit désirable est-il possible ?
Dans l'état actuel de la société, le droit au travail est-il
réalisable ?

A une telle question, il semble que notre définition
suffirait à répondre. L'Etat, une personne morale, une
abstraction, n'est pas par sa nature un consommateur qui
puisse fournir du travail. On prétend qu'il pourrait mo-
nopoliser les capitaux et substituer son action à celle des
entrepreneurs privés de façon à établir le bonheur universel par une production mieux réglée. Nous n'en savons
rien : ceci n'est plus l'état social actuel ; c'est une société
nouvelle qui est encore à faire.

Mais quand même l'Etat parviendrait aujourd'hui à
fournir à chacun un emploi conforme à notre définition
du droit au travail, une autre difficulté surgirait immédiatement, insurmontable : la répartition des individus
entre les diverses professions. Il est certain que parmi les
professions, il en est quelques-unes de privilégiées, ac-
cessibles à des intelligences ordinaires et offrant un ma-
ximum d'avantages avec un minimum de peine. Dans le
régime actuel, elles ne peuvent admettre qu'un certain
nombre de titulaires limité par les besoins de la consommation, et le surplus des compétiteurs doit se reporter sur
d'autres emplois. Au contraire, le droit au travail reconnu,
quel que soit leur nombre, l'Etat serait tenu de leur assurer l'exercice de ces professions une fois choisies par eux.
De telles considérations mènent forcément à cette conclusion déjà rencontrée chez les auteurs allemands : on ne

peut reconnaître le droit au travail sans être logiquement contraint de substituer à notre régime social actuel une organisation de la production dont la possibilité est encore à démontrer.

En résumé, des tentatives humanitaires de V. Considérant, de Louis Blanc et de leurs imitateurs, il ne peut rester que l'honneur qui s'attache à de pareils essais. Et ce n'est pas sans tristesse qu'il faut constater la vanité du remède puisque le mal subsiste. Quoiqu'avec moins d'intensité, l'indigence et le paupérisme sévissent toujours et aujourd'hui le mot de Thiers en 48 serait vrai encore : « Le peuple souffre. Oui, messieurs, il faudrait être bien barbare, bien cruel pour le nier ».

Mais s'il faut qualifier d'utopie le rêve d'un monde nouveau où misère et souffrance ne seraient plus que souvenirs, on a pu néanmoins, en bornant l'ambition, arriver à une amélioration considérable du sort des classes pauvres. Bien comprise, renfermée dans de justes limites, l'intervention de l'Etat dans les questions sociales a donné des résultats devant lesquels on doit s'incliner. Il est permis d'espérer plus encore de l'avenir, surtout si l'assistance s'organise sur de meilleures bases et si elle continue à recevoir l'aide puissante de la charité privée. Et nous ne saurions mieux clore une étude comme celle-ci qu'en citant l'opinion d'un homme qui a ce titre à la reconnaissance humaine d'avoir créé la science de la charité, science la plus belle sans doute, la plus consolante de toutes puisqu'elle met d'accord les principes de la raison et les aspirations du cœur : M. le Comte d'Haussonville. « A quelque point de vue qu'on se place, dit-il (1), soit qu'on envisage la condition individuelle de l'homme ou qu'on étudie les lois sous l'empire desquelles marche et se développe la civilisation, il est impossible de ne pas arriver à une même conclusion, c'est-à-dire à la permanence et à l'indestructibilité des causes qui engendrent la misère. C'est pourquoi il est parfaitement chimérique de chercher une panacée qui guérisse le mal dans sa racine. Tout ce qu'on peut espérer c'est de trouver des palliatifs qui l'adoucissent... il en est un, le plus efficace de tous, auquel il faudra toujours revenir parce qu'il est toujours et partout applicable, parce qu'il n'y a pas de tentative utile au fond de laquelle on n'en retrouve le principe : ce palliatif, j'oserai presque dire ce remède, c'est la charité ».

1. Comte d'Haussonville, *Misère et remèdes*.

Vu par le président de la thèse,
R. JAY.

Vu par le doyen,
GARSONNET.

VU ET PERMIS D'IMPRIMER :
Le vice-recteur de l'Académie de Paris,
GRÉARD.

———

Dufour

TABLE DES MATIÈRES

Laval. — Imprimerie parisienne L. BARNÉOUD & Cie.